JN069053

「おもしろ」授業で法律や経済を学ぶ パート3

熊田 亘

清水書院

まえがき

『「おもしろ」授業で法律や経済を学ぶ』のパート3ができました（パチパチパチパチ）。
実は、2019年度からの2年間、私は柄にもなく副校長をつとめ授業から離れておりました。授業ができないのは結構つらくて、次のような戯れ歌（替え歌）をつくったものです。

ふっ　ふっ　副校長　朝は早（はよ）から　メールチェック
味気ない　味気ない　副校長にゃ担任も　授業も部活もない
ふっ　ふっ　副校長　教師じゃないんだ　副校長

※「ゲゲゲの鬼太郎」のテーマソングに乗せて。2番以降略。ちなみに学校教育法では副校長は「校長を助け、命を受けて校務をつかさどる」のが仕事で、教頭のように「必要に応じ児童の教育をつかさどる」となっていません。教育じゃなく校務が仕事なんです。

2021年4月に再雇用のヒラ教員に戻り、授業のために購入したペスト医のマスクを準備室でいじったり、かぶってみたりしていたら、同僚から
「熊田さん、また授業がやれるんで嬉しくてしかたがないんでしょう」
と言われました。図星です。現場に戻って浮かれていました。

そういうわけで、本書には、主に２０２１年度以降に行った授業の記録を収めてあります。「ロシアのウクライナ侵攻」は時事的な内容の授業だし、「マッチング」「オークションをやってみる」は、近年、経済学で注目株のマーケット・デザイン関係だしと、全体に新しめのものが多くなっています。その分、荒削りで手直しが必要なものもありますが。

そして今回はなんと！　購読者への付録として、私が授業で使っているハンドアウト（プリント）や、さらには授業風景の映像も見てもらえるようにしてあります。よりリアルなイメージを持っていただければと思います。

授業の記録は、パート２までと同じく、次のように書き表してあります。

◉教員（私）の発言：――ではじめゴチック体で示す

例　――じゃ、授業をはじめます。はい、弁当しまって数学の教科書しまって。

◉生徒の発言：「　　」で囲む

例　「先生、ロッカーにプリントとりに行っていいですか?」「うー眠い。」

◉ハンドアウト（授業プリント）の内容：　　　で囲む

例

筑波大学附属高校2022年度「政治・経済」

法の考え方—契約書を作ってみる

No. 1

◉板書（黒板に書くこと）やプレゼンテーション用スライドの内容：　　　で囲む

例

字が汚いので板書はあまりしません。

◉生徒がハンドアウトやノートなどに書いた文章：　　　で囲む

例

先生、黒板の字をもう少し丁寧に書いていただけませんか。

なお、本書に登場する法令等はいずれも授業当時のものである。また、本書に登場する人物やその所属も授業当時のものである。

購入者限定特典について

『「おもしろ」授業で法律や経済を学ぶ』シリーズの完結を記念し、書籍をご購入いただいた方への限定特典として
①　授業（模擬授業）のようすを撮影した動画
②　授業で実際に使用しているハンドアウト（プリント）
を用意しております。
次のQRコードを読み込むか、URLから清水書院のウェブサイトにアクセスしていただき、ユーザー名とパスワードを入力のうえご確認ください。

https://www.shimizushoin.co.jp/dl_omoshiro3/
ユーザー名：omoshiro3
パスワード：奥付（最終ページ）に記載されている
本書ISBNコード下6桁の数字（ハイフンなし）

※動画視聴やダウンロードの際にかかる通信料はお客様負担となります。
あらかじめご了承ください。

もくじ

1

コロナとマスクと社会科学のメガネ

２０２１年春、副校長のオットメが終わり、再雇用教員として晴れて「現場」に戻ることになった。担当する授業は再び３年生の「政治・経済」である。

それまで「政経」では「最初の授業はハゲ談義（自己紹介とガイダンス）」（『「おもしろ」授業で法律や経済を学ぶ』所収）のあとはすぐに法の授業に入っていたのだが、導入として１年間で学ぶ内容を俯瞰できるような授業をしてみたいと思った。

一方、１年前からの新型コロナウイルス感染症を巡る状況は好転せず、以前と違って生徒は皆マスクを着けている。アベノマスクも随分話題になった。そこでコロナとマスクを材料に「社会科学のメガネでマスクを見る」という授業を考えた。

まずは経済学のメガネ

> マスクって?!

――今日はマスクの話をします。マスクと言っても

（スライドにスパイダーマンのマスクが出る）これじゃありません。
（同じくダースベイダーのマスク）これでもありません。
（同じく普通のマスク）このマスクのことです。皆さん、去年の春からお馴染みになったこのマスク。これについて、経済学とか法学とか、それらを社会科学と言います、社会科学の見方を紹介していきたいと思います。経済学のメガネをかけると何が見えるか、法学のメガネをかけるとマスクがどのように見えるかといった感じです。

まずはマスクの値段の話。

２０２０年４月22日に大手通販でやっとのことで購入したマスク（50枚）
２８９９円

――昨年の春から夏にかけてマスクがとても買いにくかったことを覚えていますか？（生徒うなずく）

私なんか昼間は出勤しているから買い物ができなくて、通販に頼っていたんですけど、春頃は品切ればかりでした。それで４月の末にようやく購入したマスクが50枚で……２８９９円しました。１枚60円弱。

2021年3月18日に同じ大手通販で購入したマスク
(同じブランド・同程度の品質・50枚)
679円

――それが今年の3月、約1年経ったら、ほぼ同じ品が679円。つまり1年前は4倍以上高かったんですよね。

なぜマスクの値段が高騰したのか

――なぜ1年前はこんなに高かったの?

「たくさん買おうとする人がいた」

――そうですねえ。みんなマスクを着けないとコロナになっちゃうと必死でマスクを買い求めた。経済学のことばで言うと需要が増えた。

需要・供給のグラフを映しだして説明する。

――このグラフ、中学校でもやりましたよね? 秋にまた詳しくやります。去年の春に起きたことは、このグラフで需要曲線が右に動いたと考えられるわけです。需要曲線のシフトといいます。でもそれだけじゃない。

日本で売られているマスクの圧倒的多数は中国で生産されていたんです。でも、コロナが広まっていって、中国でも患者がたくさん出たし、中国から日本へのマスクの輸出がガクッと減ったんですよね。

つまり日本の市場への供給が減ったわけ。グラフで言うと供給曲線が左にシフトする。

そのダブルパンチでグラフの交点、均衡点が上に動いて、価格がひどく上がったと、こういうふうに説明できるわけです。

マスクと外部経済

もうひとつマスクというものは、特別な性質を持っているという話をする。

> そもそもマスクを着けるのは…
>
> 【問】人はどういう時に（自主的に）マスクを着けるか？
>
> 【経済学者の答】
>
> マスクを着ける便益 ＞ マスクを着ける費用　の場合に人はマスクを着ける。
>
> つまり、人は自分にとって得をするように行動する。
>
> ※傍線の箇所は最初は空欄である。

――そもそもなぜマスクを着けるわけ？

「コロナにかからないように」

――ですよね。かかったら熱が出て苦しいし味覚を感じなくなったりする。学校を長く休まなきゃならないし、下手をすれば死んでしまう。怖いですよね。だからマスクを着ける。でも、マスクを着けたくないとも思うでしょう？

「……」

――えっ？　みんなマスク大好き？　そんなことないですよね。だって夏になれば暑いし、マスクを買わなきゃいけないし、そもそも面倒くさい。

そこで経済学者はこういうふうに考えます。マスクを着けることの良い点と悪い点を秤にかける。マスクを着けることで、コロナにかかりにくくなるという良い点があるけれど、それを経済学では便益と言います。一方、お金がかかるとか息苦しいとかそういう悪い点をまとめて費用と言います。そうすると「マスクを着ける便益 ＞ マスクを着ける費用」の時に人はマスクを着けるという言い方ができるでしょう。

そして、その背景には「人は自分にとって得をするように行動する」という考えがあるわけです。当たり前と言えば当たり前の考えですけれど、これが経済学者の人間の見方の基本のキです。

マスクという商品の特殊性

【問】マスクと眼鏡はどう違うか。

【経済学者の答】眼鏡をかけても他人の便益や費用にはならないが
マスクを着けると他人にも便益を与える。
↓　外部経済（プラスの外部効果）
対概念は外部不経済（マイナスの外部効果）

【問】外部経済が生じる商品には何が起こりそうか？

――ところがです。マスクには他のもの、例えば眼鏡と比べると、ちょっと特別な性質があるんです。

眼鏡は、自分がかけてもかけなくても、他の人にとって良いとか悪いとかないですよね。私が眼鏡をかけようがかけまいが、皆さんには関係ない。私が眼鏡をかけたら皆さんの視力が上がったらオカシイ。私の行動が他人の便益や費用には結びつかない。でもマスクはどうですか？　皆さんがマスクを着けなかったとします。そうすると、もちろん皆さんがコロナにかかるリスクは大きくなるけれど、それだけじゃないでしょう？

「感染が広がる」

――そうですよね。感染が広がりやすくなって、他の人もコロナになるリスクが増える。逆に皆さんがマスクを着ければ、他の人にも「感染が広がりにくくなる」という便益が生じる。ワクチンの予防注射も同じ性格をもっていますよね。

こういう現象を外部効果、いまの場合は人々にプラスになるので外部経済と呼びます。

――逆に、会社が何かをつくって汚水を垂れ流して、その結果、周囲の住民の健康が害されたり、作物が収穫できなくなったりすることがある。公害ですね。そうすると、住民がお医者さんに払うお金が多くなったり収入が減ったりする。つまり余計な費用が生じてしまう。

こういう場合、マイナスの外部効果、外部不経済と呼びます。

そして、マスクのように外部経済をもつものは、市場に任せておくと供給が不十分になることが経済学の理論から導き出されるんですよ。

次は法学のメガネ

大多数がマスクを着けるのはなぜ？

【問】マスク着用の法律もないのになぜ？

【法学者の答】法律以外にも社会規範となるものはある。

嘘をついてはならない。 道徳・倫理
エスカレーターの右側はあける。 慣習
豚肉を食べてはならない。 宗教上の戒律

【問】法律は他の社会規範とどこが違うか？

——皆さんも含めて、今日本ではほとんどの人がマスクを着けてますよね。法律で決まっているわけでもないのに。それはなぜ？「自分がコロナにかかりたくないから」という話はしたので、それ以外でどうですか？

「政府が呼び掛けている」「マスクしないと白い目で見られる」

——うん。マスクしてないと文句言われたりもする。「自粛警察」という言葉もありました。だから本当はマスク着けたくないなーと思っていても着けざるを得ない。こういうふうに「〇〇しなさい」とか「××してはいけない」と、人々に命令したり禁止したりするものを、ひとまとめに社会規範と呼びます。

社会規範は法律だけじゃないわけです。例えば嘘をつくことは一部の場合を除いて法律では禁じられていないけれど、でも皆さん普通嘘をつかないですよね。

「嘘をついてはいけない」とか「親孝行しなければいけない」という規範を何と呼びますか？ ヒント、2年生で習った科目だと？

「倫理」

——その通り。倫理とか道徳とか言われます。

では、エスカレーターに乗る時、皆さんどうしてますか。左側に寄って立ちますよね。関西では右。名古屋はどうなのかな。これはどうでしょう。道徳とか倫理は「人の生きる道」という感じですけれど、エスカレーターの右側に立っている人に「人の道に反している」「人間としてどうも」とは思わないでしょう。こういうのは？

「習慣？」

——そうですね。昔から何となくそうなってきたということで習慣とか慣習とか言えるでしょう。

２０２１年10月から埼玉県では「埼玉県エスカレーターの安全な利用の促進に関する条例」により、エスカレーターの利用者は「立ち止まった状態で利用しなければならない」ということになった。授業時は施行前だったが「埼玉県の人、知っている？」と少しだけこの条例に触れた。

——コロナになって行けなくなっちゃったけど、部活が終わって「あーお腹がすいた」と友達とファミレスに行ったとする。友達がスパゲティを頼んだ。出てきたらいきなり手づかみで食べだした！（生徒笑う）。「こいつとは二度と一緒に来ない」（生徒笑う）。普通スパゲティを手づかみでは食べない。つまり「スパゲティを手づかみで食べるな」という社会規範が生きているわけです。でもそれは日本においてですよね。

あと、宗教上の戒律も、その宗教を信じる人々の間では社会規範になります。イスラム教徒だったら「豚肉を食べるな」とかヒンドゥー教徒だったら「牛肉を食べるな」とか。

——それでは、道徳や倫理や慣習や戒律と法律との違いはなんでしょう。

それは、国家が守らせるということなんです。例えば、刑法で禁じられた人殺しをすると、逮捕され、裁判にかけられ、その結果死刑になったり刑務所に入れられたりする。警察官も検察官も裁判官も刑務所の職員も公務員でしょう。つまりそれは国家がそういうことをやっているということ。国家が禁じている。だから人はめったに殺人を犯さないわけです。国家の力は強大なので、法律も強力。

法律をつくるということ

マスク着用を法律で義務化したら
【問】「正当な理由がないのに、人が多数集合する場所でマスクを着用しなかったものは、死刑又は無期懲役に処する。」という条文について検討してみる。

ここでは、右の極端な例を元に、より一般的に立法の際に何を考慮するべきか（必要性と許容性、立法目的との整合性、要件・効果など）を考えさせたかったが時間切れだったので、すぐに先へ。

3つ目に政治学のメガネ

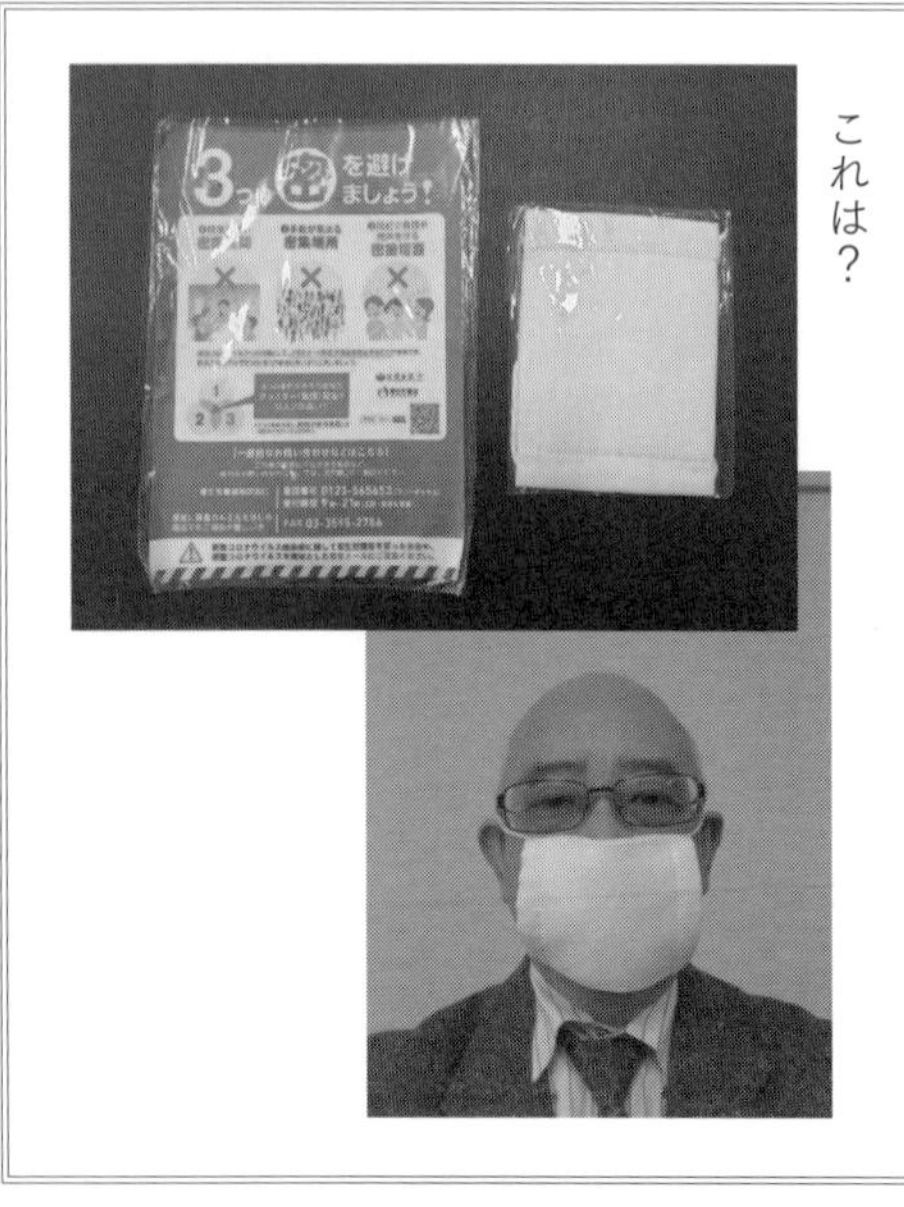

——これはなに？

「アベノマスク」

——安倍首相肝いりのマスクですね。全世帯に配布された。ここではこのマスク配布という施策がどう決まったかを見ていきたいと思います。

まず、ふだん法律や予算（に裏付けられる政策）がどう決まっていくかをスライドを用いて次の順に説明する（**図1**）。

1　法律も予算も国会で決めると教科書には書いてあり、それは間違いではないが、実質的な内容はそれ以前にほぼ固まっている。

2　法律等の立案の中心となるのは各府省（コロナ対策であれば厚生労働省や経済産業省など）である。

3　各府省が、①省内で抽出された課題から　②事件・事故・災害への対応として（今回のコロナ対策はこれ）　③裁判所の判決（例えば「この法律は憲法違反」とされた場合）への対応として　④国会からの要請や外圧への対応として　法律等の原案を作成する。原案は府省内の課長補佐ぐらいのポストの人がまず作成し、次第に上のポストの人に回っていく。

4　担当府省は原案を審議会に諮ったり、他府省や与党・野党との調整を行う。例えば自民党が与党の場合、自民党総務会を通らない法案は成立しない。

5　内閣に原案が送られ法制局で審査が行われる。そこで法律として適切な文言に修正されたり、違憲立法にならないか、既にある法令と矛盾しないかチェックされたりする。

6　閣議で法案が決定する。なお、5・6の段階でも他府省や政党との調整は続く。

7　国会に提出され国会で審議され、可決されれば成立する。

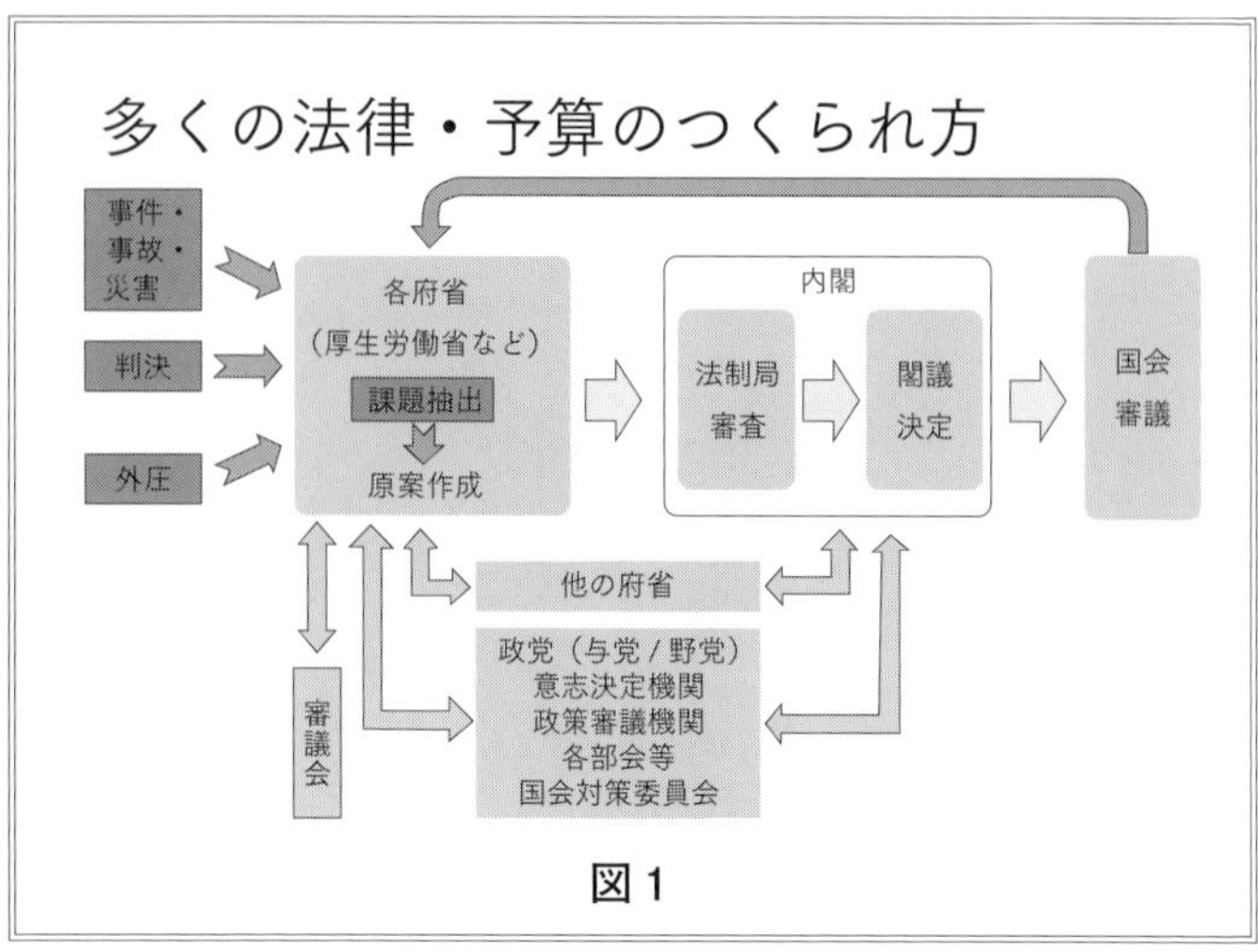
多くの法律・予算のつくられ方
事件・事故・災害
判決
外圧
各府省
（厚生労働省など）
課題抽出
原案作成
内閣
法制局審査
閣議決定
国会審議
他の府省
政党（与党／野党）
意志決定機関
政策審議機関
各部会等
国会対策委員会
審議会
図1

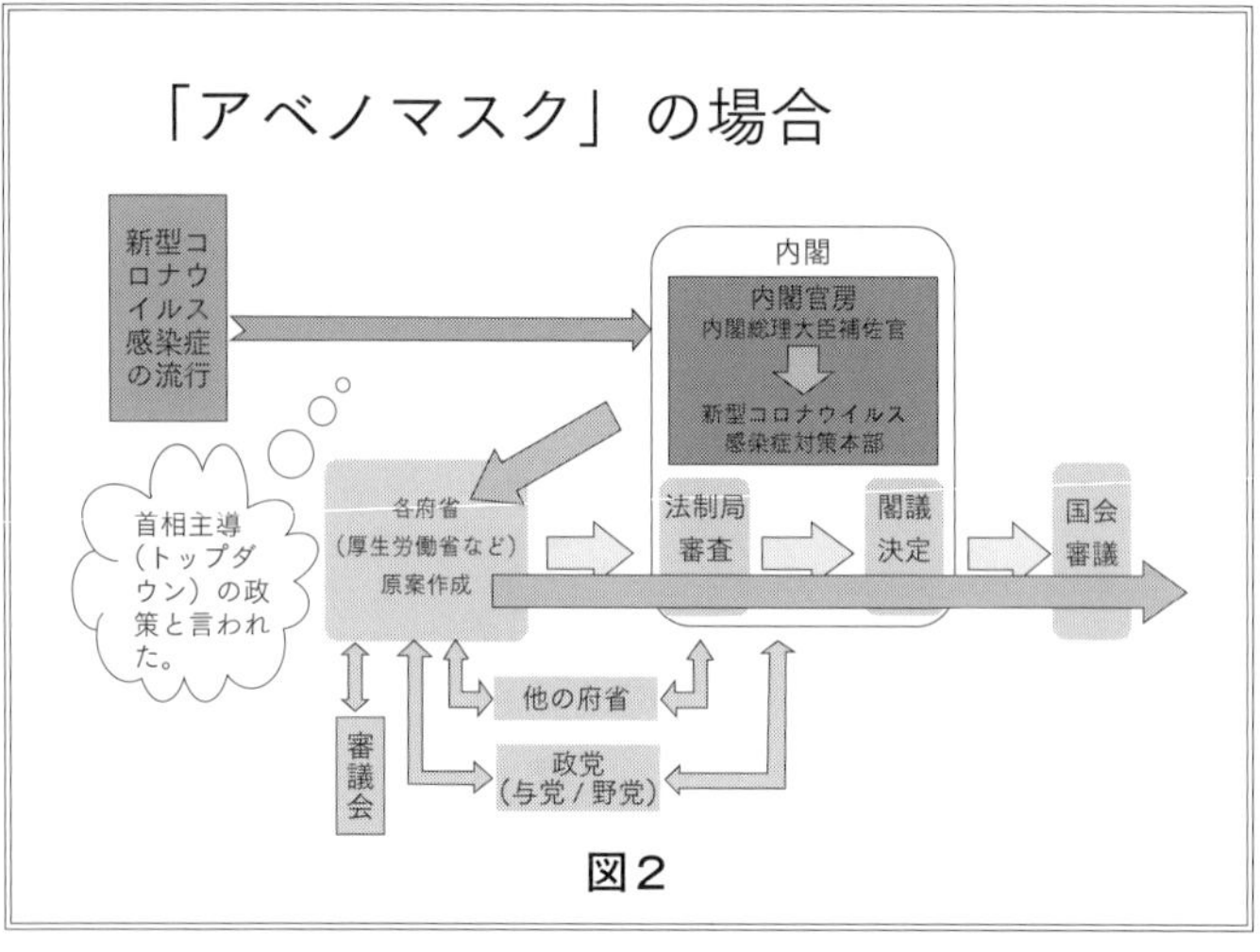
「アベノマスク」の場合
新型コロナウイルス感染症の流行
内閣
内閣官房
内閣総理大臣補佐官
新型コロナウイルス感染症対策本部
首相主導（トップダウン）の政策と言われた。
各府省
（厚生労働省など）
原案作成
法制局審査
閣議決定
国会審議
他の府省
政党
（与党／野党）
審議会
図2

続いてマスク配布について次のように話す（図2）。

1　全世帯へのマスク配布のアイディアは内閣官房で生み出された。
2　内閣官房に所属するある内閣総理大臣補佐官が首相に提案したと言われている。
3　それが新型コロナウイルス感染症対策本部から厚労省に回され、厚労省が原案を作成した。以下は他の場合と同様。
4　それゆえこの施策は「首相主導（トップダウン）の政策」だと言われている。

政策を評価するために

「アベノマスク」の政策評価
政策の意図
　国民への布マスクの配布
↓　使い捨てマスクの品不足解消
↓　医療機関等への不織布マスクの優先供給

政策のタイミング　4月1日発表　6月20日配布完了
政策の費用　総額260億円（2020年6月）
【問】「アベノマスク」をどう評価するか？
評価するためにはどのような情報が必要か？

――政策、施策は、実施するだけでなく、実施後にそれについてきちっと評価しなければなりません。やりっぱなしはダメ。

例えば、アベノマスク、つまり国民全世帯への布マスクの無償配布にはどのような狙いがあって、それは狙い通りの結果を生んだのか。役立ったとして、この施策のためにかかった費用と比べて価値があったのか。もっと効率の良い施策は無かったのか。また、配布のタイミングはどうだったのか等を考えなければならないですよね。

ここも問題提起で終わってしまった。

最後に経営学のメガネ

マスクをもっと売れるようにする

コロナから離れてしまうが、経営学の視点ということで、商品としてのマスクをより多く売るためにどうすればいいか、マーケティングの4P（Price 価格、Product 製品、place 流通、Promotion 広告宣伝）を紹介しつつ、少しだけ頭をひねってもらった。

――コロナに関わっていろいろ話しました。急ぎ足だったので分からないところもあったと思いますが、これから1年間の「政経」でこういうことを学ぶんだなーとぼんやりとでも感じてもらえばいいです。

生物で顕微鏡を使ったり、地学で望遠鏡を使ったり、物理で動画を撮ってスローモーションにしたり早送りにしたりすることで、ふだんは見えない自然現象が見えたりするでしょう？社会科学も、顕微鏡などのかわりに、経済学のメガネ、法学のメガネ、政治学のメガネ、経営学のメガネをかけることで、見えないものを見る、考えるのです。

2021年秋に、政府の調達した布マスクの3割近くが配布されず保管されていることが分かり後に希望者に配布された。もちろん私も「授業の教材として使いたい」と希望を出して100枚を送付してもらった。次にアベノマスクを教材化する時に使うつもりである。

教材づくりの日々 1

いつまで続く教材探し ―インフレは怖い

いつまで続く教材探し

あいかわらず授業で使えそうなモノ（実物教材）を集めている（実物教材の効能は『「おもしろ」授業で法律や経済を学ぶ パート2』参照）。

教育実習生や社会科教育法を教えている大学生には「授業づくりのアンテナをいつも立てておくといい」と言うのだが、私の場合は授業づくり云々を超えてコレクターのようになっている。考えてみたら私の教員人生もあと数年。そこでどれだけのモノを紹介できるのかとも思うのだが、発見すると反射的に飛びついてしまうのだ。

しかも、近年はわざわざ買いもとめに出歩かなくても、ネット通販とかオークション・サイトを利用して（支払いさえ気にしなければ）居ながらにして集められるから困ったものだ。

旧ユーゴスラビアの紙幣

「インフレ」紙幣では、第一次世界大戦後のドイツ・マルク紙幣、第二次世界大戦後のハンガリー・ペンゲー紙幣、そして2000年代のジンバブエ・ドル紙幣が有名だ（『「おもしろ」授業で法律や経済を学ぶ パート2』参照）。それに比べるとなぜか知名度が低いが旧ユーゴスラビアのディナールも相当なものである。私が持っているディナール紙幣のうち1992～1993年発行のものだけで、額面5万、10万、50万、500万、5000万、5億、10億、50億、100億、500億、5000億のものがある。

1990年代を通して続いたユーゴスラビア紛争は、①民族紛争の代表例として、②「民族浄化」などその凄惨さから、③「人道的介入」「保護する責任」とNATOによる空爆の是非など、国際政治を学ぶうえで――こういう言い方は語弊があるが――「すぐれた教材」だった。ただ、その紛争に起因して旧ユーゴスラビア経済が混乱・破綻し、1990年代前半にハイパーインフレが生じたことは、あまり注目されなかったように思う。

けれども、この時期のインフレはすさまじい。4年で4回デノミネーションを実施した結果、1994年1月1日からの1ディナールは、1989年12月31日までのディナールに換算すると1000000000000000000000000ディナール（1𥝱ディナール）になったという。

インフレ紙幣再び

そんなわけで、もう教材としてのストックは十分なのに、またぞろベネズエラのボリバル紙幣に手を出してしまった。「ハイパーインフレは過去の話じゃないんだよ」と示したいという言い訳（口実）はあるのだが。

発端は２０２１年８月14日付『朝日新聞』に「ハイパーインフレが続くベネズエラで、同年10月１日に通貨を１００万分の１に切り下げるデノミネーションが実施される」という記事が載ったことである。１００万分の１！

調べると、ベネズエラは３年前にも10万分の１へと通貨切り下げを行っている。さらにさかのぼれば２００８年にも１０００分の１への通貨切り下げがあった。年表風にすれば

２００８年：１０００ボリバル＝１ボリバル・フエルテ
２０１８年：10万ボリバル・フエルテ＝１ボリバル・ソベラノ
２０２１年：１００万ボリバル・ソベラノ＝１ボリバル・デジタル

ということである。そうすると１ボリバル・デジタルは……１００兆ボリバルとなる！　当然、多くの種類の紙幣が発行されている。それらを集めていく。

現段階で私が持っているものは次の32種の紙幣である。重ねると札束と言っていいぐらいの厚さになる。

・２００８年発行のボリバル・フエルテ紙幣
額面：２、５、10、20、50、１００の６種類
・２０１７年発行のボリバル・フエルテ紙幣
額面：５００、１千、２千、５千、１万、２万、10万の７種類
・２０１８年発行のボリバル・ソベラノ紙幣

額面：2、5、10、20、50、100、200、500の8種類

・2019年発行のボリバル・ソベラノ紙幣

額面：1万、2万、5万の3種類

・2021年3月発行のボリバル・ソベラノ紙幣

額面：20万、50万、100万の3種類

・2021年10月以降発行のボリバル・デジタル紙幣

額面：5、10、20、50、100の5種類

これらの紙幣の図柄から、ベネズエラでどういう人が歴史的人物とされるのか、代表的な動物は何なのかが分かる。また色合いも美しい。並べて眺めて、悦に入る。

さて、「これでまた来年あたりデノミネーションにならないでほしいものだ」と思って為替レートを確認したところ、2022年1月に1ドル＝約4・5ボリバルだったのが、2023年1月には17ボリバルを超えている！　1年間で対ドルレートが4分の1になってるじゃないかー。

インフレは怖い（饅頭怖いじゃないよ）。

ベネズエラの紙幣（今のところ2008年以降はコンプリート）

2

憲法学習で「国民の義務」?!

高校生は、小学校でも中学校でも日本国憲法を学んできている（はずだ）。勤務校には、熾烈な中学受験、高校受験をくぐり抜けて入ってきた生徒も多いから、憲法に関する知識を問うと、それなりに答えられることが多い。

だが、まことに残念なことに「憲法とはいかなる文書なのか」が分かっていないか、間違って覚えているかの場合が多い。

そこを何とかしたいと思った。

憲法第10章　最高法規

日本国憲法第10章を読んでいく。

1　第97条（基本的人権の本質）で、日本国憲法では人権という大切なものが保障されているからこそ、

2　第98条（最高法規、条約及び国際法規の遵守）で、これを最高法規と位置づけ、

3　第98条を保障するために第99条（憲法尊重擁護の義務）がある

という流れを押さえたうえで、第99条「天皇又は摂政及び国務大臣、国会議員、裁判官そ

の他の公務員は、この憲法を尊重し擁護する義務を負ふ。」を音読してもらう。

——条文では、誰が憲法を尊重し擁護する義務を負うわけ？

「天皇と摂政と……」

——そうそう、「公務員」までですよね。じゃ○○さんはどうですか？　○○さんは天皇でも摂政でもないよね？

「はい」

——○○さんは、いまのところ大臣とか議員とか公務員とかじゃないよね？　将来なるかもしれないけれど。

「はい」

——ということは？

「尊重擁護する義務はない……？」

「条文だとそうだけれど釈然としない」という雰囲気を漂わせる場合が多い。

——そう読めますよね。憲法自身は、一般の国民に憲法を守れと言っていない。これって不思議じゃないですか？　みんな、小学校や中学校で「憲法は大切だ」「憲法を大事にしましょう」と言われてきていますよね。

憲法は誰から誰に向けられているのか

――実はね、今の話は、憲法とはいかなるものかを考えるいいヒントになります。

と言って、**図1**を用いつつ、以下のように説明をしていく。

――法律ってどういうものですか？　法律は、国民に「こうせよ」「こうするな」と命令したり禁止したりしますよね。誰がですか？　国家がですよね。

図1

例えば、刑法であれば「人を殺すな、殺したら国家が罰するぞ」、民法であれば「借りた金は返せ。返さないと、最終的には国家が強制執行というかたちで無理矢理返させるぞ」というように。

だから、法律を図に示すとしたら、国家から国民に向けた矢印になるでしょう？

――それに対して、憲法は、国家が国民の人権を侵害することがないように「国民の表現の自由を制限するな」とか「国民を差別して扱うな」とか、いわば盾になって、国民が国家に命令するわけです。だから矢印の向きとしては、法律と逆に、国民が国家に対して突きつけるものになる。

――憲法は国家に向けて書かれている。だから、国家を動かす人たち、公務員は憲法を守る義務を負うわけです。

次のような話もする。

1　日本語だと、憲法は民法、刑法、商法などと横並びにされがちだけれど、英語だと民法は civil law、刑法は criminal law なのに対して憲法は constitution。憲法と法律とが性格の異なる文書であることが窺える。

2　少なくとも、「政経」で扱う憲法（近代憲法）は「国民の人権を守るために、国家権力を制限する」という内容をもつ文書を言う。

ときどき「日本にはいにしえから憲法がある。聖徳太子の『十七条の憲法』をみよ」という人がいるが、「十七条の憲法」は、ここで言うところの憲法ではない。なぜなら「十七条の憲法」は国民の人権を保障した文書とは言い難いからだ。あれは、いわば役人の倫理規定のようなものである。

逆に、「国民の人権を守るために、国家権力を制限する」文書なら憲法という名前を持たなくても憲法と呼んでいい。イギリスには「イギリス憲法」というものはないが「大憲章（マグナ・カルタ）」「権利の章典」などいくつもの文書が、ひとまとまりで憲法と考えられている。

3　参考書などに**図2**のような図が示されていることがある。日本の法体系における憲法の位置づけを示す点では正しいけれど、これまで述べたような、憲法と法律の対照的な性格を説明するにはいささか具合の悪い図である。せめて、憲法と法律以下の部分を分離させたい。

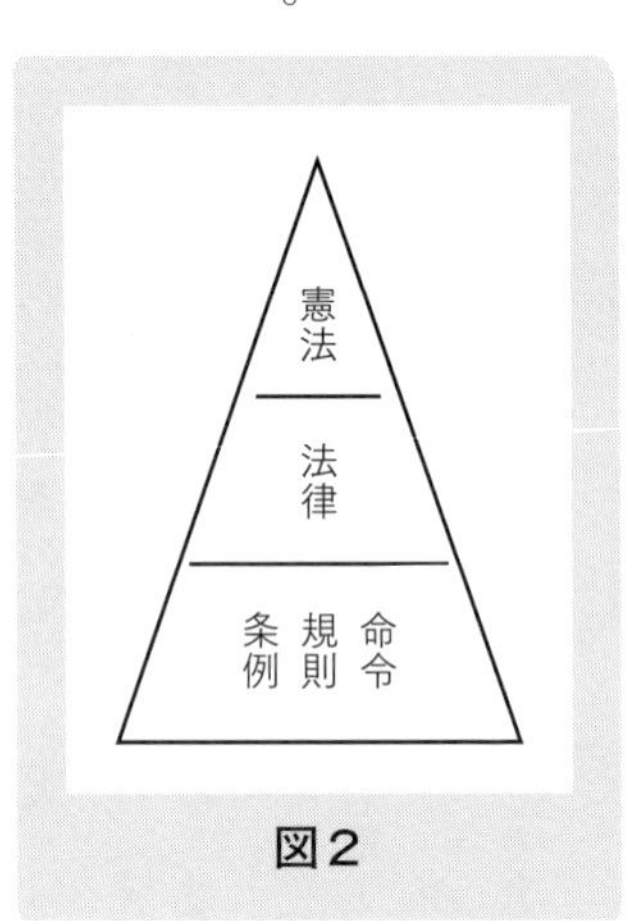

図2

共通テストにも

2023年度の共通テスト「政治・経済」を解いていたら、こういう問題があった。

……憲法第99条は、憲法尊重擁護義務を、［ア］。

［ア］に当てはまる記述

a　公務員に負わせているね。このような義務を規定したのは、公権力に関与する立場にある者が憲法を遵守すべきことを明らかにするためだよ

b　すべての国民に負わせているね。このような義務を規定したのは、人類の成果とし

ての権利や自由を国民が尊重し合うためだよ

おやまあ、この授業はみごとに共通テスト対策になってしまった（答はａ）。

国民の義務の規定は？

――ところで、憲法の定めた「国民の義務」って言える？

生徒はおおむね答えられる。

「納税の義務」

――そうそう。それから？

「えーと、労働の義務？」

――そうね。勤労の義務と言います。

「教育……の義務？」

――「正確には、子女に普通教育を受けさせる義務」

一瞬間を置いて

――なんでそんなに答えられちゃうの？

と声を強めて言う。

「中学校の社会科でやった」「小学生の時に塾で覚えさせられた」

手元にある中学校社会科「公民」分野の教科書をみたところ、「国民の義務　国民は、自分が暮らす社会を支えるための義務を負っています。」として、3つの義務を提示している。ご丁寧に「国民の三大義務」というイラストがあったりする。なるほど、これでは生徒が「覚えなければならない」と思うわけだ。でも、そうなのか?

——これって、おかしくないですか?（生徒は怪訝そうな顔をしている）

——いま説明したじゃない。憲法は国民が国家を縛るものだって。そうしたら、どうしてその憲法に「国民の義務」があるわけ? もちろん、国民がいろいろな義務を負う必要があるのは分かるけれど、それは法律で定めればいいわけでしょう。国家に向けた、いわば「国家宛の」憲法に国民の義務を書くのは変じゃない?

「日本国憲法を読むと、権利ばかりいっぱい書いてあって、義務についてほとんど書いていない。だから、最近の若者はワガママばかり言って困る」というようなことを言う人がいるけれど、それは私に言わせれば、魚屋さんに行って「なんでこの店には野菜がないんだ」と怒るようなものなんです。

——あっ熊田が変なことを言っている、あーなに言ってるんだこいつ、教科書にもあるじゃないか、と思っている人いるでしょう。でも私が勝手に言っているんじゃない。その証拠に、こういうものをもってきました。

何冊か憲法の概説書を見せる。

――これは、大学の憲法学の教科書です。

これは芦部信喜先生という、もう亡くなりましたが東大にいた先生の書いた本で、法学部の大学生でこの本を知らなかったら恥ずかしいというぐらい有名な本です。

厚いですよね。全部で４００ページを超える。

それでね、そのうち、２００ページ以上、半分以上が人権、国民の権利について書かれていて、残りの多くは国会とか内閣とか、統治機構についてです。

じゃあ、国民の義務については、どれだけ書かれているか探すと、そもそも目次には「国民の義務」はありません。索引を使って探したら「国民の義務」について書いてあるのは（該当箇所を示しながら）ここに3行、ここに3行、計6行だけです。

２００ページ対6行。権利の圧勝ですね。

もう1冊。これは辻村みよ子先生という、東北大学にいた憲法学の先生の本です。これには「国民の義務」という章があるけれど、たった3ページ。それに対して権利の保障は２４０ページですから。80倍も権利が重要ということ。

つまり、憲法の専門家からすると、憲法を学ぶうえで国民の義務は重要じゃないんですね。

再び2023年度共通テスト

先ほどの共通テストの続き。

……たとえば憲法第30条が定める納税の義務に関しては、イ。

イに当てはまる記述

c　新たに国税を課したり現行の国税を変更したりするには法律に基づかねばならないから、憲法によって義務が具体的に発生しているわけではないね

d　財政上必要な場合は法律の定めなしに国税を徴収することができるので、憲法によって義務が具体的に発生しているね

答はもちろんc。憲法第30条は「法律の定めるところにより」という部分こそがキモで、つまり法律抜きに国民に納税の義務を課してはならないというふうに読むんだよと話す。

自分の学びの相対化にも

教師は、自分の発問に生徒が答えられればマル、答えられなければバツと考えがちだ（私

もそうだ)。けれど、「権利のカタログ」である憲法について、(権利について以上に)国民の義務をスラスラ答えられてしまうという実態はおかしいのではないか。

昔、小田実が「日本の英語教育では duty という単語はすぐ習うのに right を習わない」という趣旨のことを(本当かどうかは知らないが)書いていたことを思い出す。なにやらそれに通じる匂いを感じるのは私だけだろうか。

生徒がこの一連のやり取りのなかで、学校で学んだ、あるいはこれから学ぶことがらを相対化できるようになるといいと思っている。

おまけ　日独憲法比較

時間に余裕があるときは「憲法(近代憲法)とは国家権力を制限するものであり、それを尊重擁護すべきなのは国家(公務員)である」と言った舌の根も乾かぬうちに「でも、国民にも『憲法を守れ』と言う憲法もあるんだよねー」と、再度の「ひっくり返し」をする。

ハンドアウトに、ドイツ連邦共和国基本法の関連する条文、例えば

第5条第3項　芸術および学問、研究および教授は、自由である。教授の自由は、憲法にたいする忠誠を免除するものではない。

第18条　意見表明の自由、とくに出版の自由、教授の自由、集会の自由、団体結成

> の自由、信書、郵便および電気通信の秘密、所有権、または庇護権を、自由な民主的基本秩序を攻撃するために濫用する者は、これらの基本権を喪失する。

などを載せて

> 「日本国憲法の『精神の自由』に関する規定（第19・20・21・23条）と、ドイツ基本法の規定を比較してみよう」

と問いかけるのである。そこからいわゆる「闘う民主主義」「憲法忠誠」の考え方を説明し、さらには「『自由を否定する自由』はあるのか」「不寛容に対しては寛容？　不寛容？」などを生徒に議論してもらうという流れである。このあたりはちょいと難しい。

3

多数決は素晴らしい

多様な多数決のあり方を紹介する授業「センター決めは難しい」（『「おもしろ」授業で法律や経済を学ぶ』所収）の前に、そもそもなぜ多数決という決め方なの？という話をしたいと思った。

正当性と正統性

——みんなは、クラスでも生徒総会でも、物事を決めるときに多数決をとるけれど、どうしてですか？

と尋ねる。

「多くの人が満足できる」

「多数意見なら従わざるを得ない」

「平等だから」

「議論をしているときりがない。時間の節約」

という類の答が出されることが多い。

——多くの人が満足できるって、去年「倫理」で学んだフレーズで言うと？

「最大多数の最大幸福」

――そうそう、ベンサムですねえ。ベンサムのような考え方を何主義って言うんだっけ？

「功利主義」

とちょっと復習。

その後、正統性（legitimacy）と正当性（justness）という概念を用いて、生徒が考える「多数決の意義」を整理していく。

――世間で話題になるような裁判の判決があったとき、原告側の弁護士とかが、判決直後に裁判所から駆けだしてきて、待ち構える支援者やマスコミ関係者の前に「全面勝訴」とか「不当判決」とかの紙を掲げる姿をテレビやネットなどで見たことがあるでしょう。そこでの「不当判決」の「不当」について考えてみます。

――「不当」だと思った人たちは、裁判所の判決が誤っていると考えているということですよね。正しくないと。だけれど、考えの分かれたことがらについて、裁判所が判断することそれ自体は認めている。そうじゃなきゃ、そもそも裁判所に訴え出ないですよね。もし裁判所が判断すること自体を間違っていると考えるのだったら、裁判所が判決を出しても無視するだけでしょう。

――この場合の「不当」のように、内容的に正しいか、正しくないかということを（板書して）「正当性」、英語でjustnessということばで表現します。一方、裁判所に判断を委ねること、その権威を認めるということを（板書して）「正統性」、legitimacyと呼びます。

日本語だとどちらも「せーとーせー」になって紛らわしいけれど、今の説明からも、この2つが異なることは分かるでしょう。

生徒の多くは多数決の意義について、どちらかというと正統性を根拠として考えることが多いようだ。少なくとも「多数決だと正しい答が選ばれるから」「多数決の結果は正しいから」という言い方をする生徒は滅多にいない。

そこで「正答を見出しやすいこと」、つまり「正当性」(justness) の観点からも多数決には意義があることを説明する。陪審定理というものである。

遠足で道に迷ったら

ハンドアウトに次のような事例が示されている。

何人かで遠足に行って道に迷ったとします。途中で道が二手に分かれている。正しい道を行けば家に帰れるが、間違ったら遭難してしまいます。こういう場合に、誰か1人に判断を任せるのと、多数決で決めるのと、どちらがより生き延びやすいでしょう。

直感的に多数決の方が良さそうだと思われるけれど、それをきちんと説明するのは難しい。

――コインを投げて「表が出たら右、裏が出たら左に行く」としたら、家に帰れる可能性は2分の1ですよね。

人間には知恵があって、今まで歩いてきた間の記憶とか、まわりの状況とかを見て判断するから、少なくともコイン投げよりはマシな判断ができそうですよね。

そこで、人間がコインよりわずかに賢いとして、各人が正しい道を選べる確率を55％と仮定します。

以下、生徒とやり取りをして式を立てながら、計算していく。

――3人のグループで考えてみます。

誰か1人、リーダーが判断してそれに従う場合、正しい道を選ぶ確率は0・55ですよね。

それに対して、皆がそれぞれ判断したうえで、多数決をとるとします。

3人全員が正しい判断をする確率は？

「$0.55 \times 0.55 \times 0.55 = 0.55^3$」

――そうですね。計算してみると約0・166となります。

次、3人のうち2人が正しい判断をする確率は？

「$0.55^2 \times 0.45 \times {}_3C_1$」

さすが受験生、${}_3C_1 = {}_3C_2 = 3$ も含めてスラスラ出てくる。

——その通り、2人が正しくて、1人が間違っている確率をかけてやる。それに3人の誰が間違うかで3通り。これは3人のうち1人を選ぶ組み合わせで3になる。これを計算すると約0・408。

3人のうち少なくとも2人が正しければ多数決で正しく判断できるわけだから、その確率は、0・166+0・408=0・574。

0・574は0・55より大きいから、1人で判断するより、正しく判断できる確率が少し高まりますね。

陪審定理は偉大だ

——グループの人数が5、7、9人と増えると、多数決で正しく判断できる確率は増えていきます。もうこれらについては計算してしまっていて、5人の場合は0・593、7人の場合は0・608、9人の場合は0・621となります。気になる人は自分で検算してみてください。

それでもまあ、このくらいならば、たいした違いはない。どっちでもいいやと思うかもしれない。

——けれど41人のクラスで同じ計算をすると、多数決、つまり21人以上が正しく判断する確率は０・７４１まで増えます。

そして、本校の生徒総数に近い７２１人で考えると、つまり学校全体で遠足に行って、道に迷って（生徒笑う）、選ぶ道を多数決で決めようとしたとすると、なんと正しく判断できる確率は０・９９６まで高まるんですよ。２５０回に１回しか間違えない。

生徒は結構びっくりする。

——興味がある人は、各自が正しく判断する確率を、ほとんど半分の51％にしたり、逆に６割とか７割とかにしてシミュレートしてみるといいでしょう。エクセルとかグーグルスプレッドシートを使えばすぐにできます。

——これが陪審定理というものです。陪審定理はフランス革命時代にコンドルセという人が発見しました。コンドルセ自身は、陪審定理とは名付けていないんですけれどね。

「倫理」の授業でルソーやったでしょう？　ルソーの「一般意志」って分かりにくいと思いませんでしたか？　この陪審定理は、ルソーの一般意志と関係がある。コンドルセは、ルソーが考えたことを数学的に表現しようとしたと言えそうなんです。

多数決の良さには前提がある

——もっとも、多数決が正しい答を得る道だという結論を導くためには前提があります。例えば？

「みんなが正しく判断できる確率が0・5を超えている」

——その通り。逆にもし0・5未満だったら、人数が増えれば増えるほど、確実に間違えるようになる。

また、陪審定理は2択じゃないとダメなんですよね。選択肢が3つ以上だとうまくいかない。AかBかどちらか。

——それから「みんなにとって良い選択肢はどちらか」というタイプの議題でないといけない。共通の利益の問題というか共通善というか。ワークシートの例で言えば、全員が無事に家に帰りたいと思っている。そこは共通していて、「私はこの際、遭難したい」（生徒笑う）という人はいないわけです。

——この点について、もうひとつ例を出します。皆さん、11月にクラス遠足の日があるでしょう。2年生が修学旅行に行っている間に。この時期の唯一の気晴らしですね。その時に、ディズニーランドに行くのか、富士急ハイランドなのか、池袋でボウリングをするのか。学校で泥警などの遊びをしたクラスもありました。その時「私はディズニーランドが好き」とか「僕はインドア派だから、学校でゲームでもしていたい」というように意見が割れて、それを多数決で決めるということだと、陪審定理は適用できない。

――そうじゃなくて、「このクラスで行う最後の行事だし、なんとかみんなの思い出に残る、みんなが『このクラスで良かったな』と思えるような行事にしよう」という前提でみんながよ～く考えて多数決をとる、そういう、いわば「議題の性質」が問題になる訳です。

判断の独立性

――もうひとつ重要な前提は「各自が独立して判断する」ということです。誰かが「右」と言うから私も「右」というような人がいると、この計算が成り立たなくなります。付和雷同しないことが多数決では重要です。その点、日本の国会ではどうでしょう。ワークシートを見てください。

自民党政務調査会部会 ↓ 政務審議会 ↓ 総務会 ↓ 内閣 ↓ 国会

――これは自民党の例ですけれど、実は、ほとんどの政党で、法案などについて採決をする場合に党議拘束というものをかけます。自民党であれば、法案など国会で審議する内容はすべて、総務会という党内の組織を通過することになっています。そこを通らないと国会で審議できない。そして、総務会で「この法

律を成立させよう」ということになれば、「自民党の議員は、必ず採決で賛成してくださ
い」「反対したら処分しますよ」ということになるわけです。
そうすると、多数決で正しい結論が導かれるための「各自が独立して判断する」という前提
が崩れてしまうわけですよね。だから、衆議院議員は４５０人以上いても、さっきの全校遠
足のようにほぼ正しい道が選ばれるというわけにはいかなくなってしまうのです。

選挙の前に用意するもの

国政選挙や都知事選挙・都議会議員選挙があるとき、なるべく選挙啓発ポスター（それも大きいもの）を手に入れるようにしている。選挙管理委員会事務局に電話をして「高校の社会科教員なんですけれど授業で使いたいので……」と話すと、たいてい親切に送ってくれたり、取り置いてくれたりする。

「そんなもの苦労してもらってこなくても、最近はネット上で見られるでしょ」という人は「授業の力学」が分からない人である。生のポスターというところがいいのである。どうやって入手したかから、選管の紹介にもつなげられるし。

そういうことを続けていたら、手元に次のような選挙などのポスターが集まってきた。

選挙啓発ポスター

東京都知事選挙（都選管・2012年12月）※高橋みなみ・板野友美・横山由依
18歳選挙権開始（総務省・2016年）※広瀬すず
東京都議会議員選挙（都選管・2017年7月）※橋本環奈
衆議院議員総選挙（総務省・2017年10月）※川栄李奈

東京都知事選挙（都選管・2020年7月）　　　　※広瀬アリス

東京都議会議員選挙（都選管・2021年7月）　※浜辺美波

衆議院議員総選挙（総務省・2021年10月）　※小芝風花と田辺誠一

参議院議員通常選挙（総務省・2022年7月）　※生田絵梨花と市川猿之助

※はイメージ・キャラクター。「そうかー、2010年代前半はAKB48の全盛期かあ」と感慨にふける。「女性アイドルばかりでジェンダーバイアスかかっているな」と思っていたら男女のペアに変わってきた。こういうところにも時代が反映されている。

投票済証

2021年7月の都議会議員選挙から、投票所で投票済証をもらうようにしている。そういうものがあると、社会科教育法を教えていた大学生から教えてもらったのだ。投票済証の発行の有無は自治体ごとに違うということで「どうかな」と心配していたのだが、私の住んでいる市では幸い発行してくれる。

もっとも領収書ぐらいのサイズの白い紙に「投票済証　令和3年執行　東京都議会議員選挙」とあるだけで、都議選と同時に行われた「〇〇市長選挙」と「〇〇市議会議員補欠選挙」の部分はゴム印。よく見ると、「〇〇市第2投票所」の「投票所」は印刷されているが「〇〇市第2」はゴム印。しかも少し斜めに押されている。急造したという感じがありあり。印鑑も立会人の私印であった。ここはやはり選管の公印がほしかったな。

同年11月の衆議院議員総選挙では期日前投票をしたのだが、この時の投票済証にいたっては「○○○市立○○○○プラザ期日前投票所」と印刷とゴム印であるだけで、誰の印もなかった。まあ、投票済証を偽造する人もいないだろうということなのだろうが。

投票済証を持参すると店で割引を受けられたりするところもあるという。2022年の参院選では、家電の量販店がこの「選挙割」に参加し、投票済証を提示して一定額以上の買い物をするとオリジナルBOXティッシュをもらえたという。

選挙参加を促進するための取り組みだが、経済的インセンティブを用いて投票率を上げることが望ましいことなのか、教室で議論させると面白いかもしれない。

ユポ紙

18歳以上の生徒が有権者になってから、「政経」の自主課題で初投票体験をレポートしてくれるようになった。新鮮な目で選挙を見るレポートに触発されることも多いが、なかでも「へえ」と思ったのが「スベスベした紙だった」というような、投票用紙の手触りについての感想がいくつもあったことだ。

そこで、投票用紙に使われるユポ紙（製造している「ユポ・コーポレーション」によれば紙ではなくフィルムに近いものだという）を購入する。

ユポ紙は折れにくく、有権者が投票用紙を折って投票箱に入れても箱の中ですぐに開くので、開票作業がスムーズになるという。開票作業が正確かつ迅速に行われる必要があることとの関わりで、選挙のトリビアとして紹介できそうだ。

選挙グッズのサイト

政党本部にも選挙対策グッズは置いてあったりするが、ネット上に選挙用品を売るサイトがあって見ていると飽きない。選挙前、選挙中、選挙後に必要なものが揃うようになっている。「初出馬完璧セット」のような親切なセットもある。用品だけでなくコンサルティングもしたりするようだ。

見ていて一番気になった「選挙用光る傘」を衝動買いしてしまった。電池式で、傘の先端と骨の先と持ち手の先がカラーで光るのである。届いた送り状の宛名が「熊田亘事務所」になっていたが、選挙に出馬する人以外には買う人はいないのだろうか（いないだろうな）。

選挙の授業をやる日が雨だといいな。

4

「アーミテージ・ナイ報告書」を読む

そもそもの発端は、池上彰『日本は本当に戦争する国になるのか?』（SBクリエイティブ）を読んだことにある。

この本の4章「『安保関連法』はアメリカの言いなり?」は、「安保関連法の主要部分は、ほとんどが『アーミテージ・ナイ報告書』の対日要求に沿ったものなのです。（p. 118）」と、第3次アーミテージ・ナイ報告書と、集団的自衛権行使容認の閣議決定など安倍政権の安全保障政策との強い関連を指摘している。

「これを使えば、抽象的な日米関係を具体的なものに落とし込めるな」と興味を引かれたのだが、2年間副校長をしていて授業を持たなかったので先延ばしにしていた。そうしたら、2020年12月に第5次報告書が出されたこともあり、再び授業化の意欲がそそられ、2021年度にやっと授業をすることができた。3コマ分の授業である。

1コマ目　アーミテージ・ナイ報告書とは

――今日は、日本の外交や安全保障政策について考えてもらいます。と言っても、政治のなかでも外交や安全保障政策は難しくて、いきなり「さあ、考えましょう」というのは無理でしょう。そこで、ひとつ、考えるための「補助線」を用意しました。ある文書を読んで、その中身を検討してもらうことを通じて、日本の外交・安全保障政策について考えてもらうことにします。

ハンドアウトを配布し、リチャード＝アーミテージ、ジョセフ＝ナイ両氏と「アーミテージ・ナイ報告書」について、以下の通り簡単に紹介する。

1　リチャード＝アーミテージは、米ジョージ＝W＝ブッシュ政権（共和党）の国務副長官をつとめた軍人・政治家。旭日大綬章を受賞しており、Japan handler／知日派として知られる。

2　ジョセフ＝ナイは、ハーバード大学教授でもあり、米クリントン政権（民主党）国防次官補もつとめた国際政治学者・政治家。彼も旭日重光章を受賞しており、Japan handler／知日派の1人である。

――知日派とかジャパン・ハンドラーというのは、アメリカの外交政策のなかで、特に対日政策に深く関わっている人を指します。日本の外務省でもそうですが、外交って、人によって、担当する国が、ある程度、固定されてくるわけです。

皆さんの中で、大学で国際政治や国際関係論を学ぶ人は、たぶんナイの『国際紛争』という本を読むことになると思います。その分野での標準的な教科書と言っていいですから。

と付け加える。

3　「アーミテージ・ナイ報告書」は両氏を中心とした共和党・民主党の垣根を超えた超党派のグループによる日米同盟に関する分析・提言の書で、２０００年以来、５回発表されている。

――これはアメリカのシンクタンクが出した文書で、政府の文書ではないけれど、執筆者はアメリカ政府の外交・安全保障政策の中枢にいた人たちですから、これらの報告書にはアメリカ政府が日本に望むことが率直に書かれていると考えることができるのではないかと思います。

第３次報告書と日本の動向

続いて、２０１２年に出された第３次報告書「日米同盟 アジアにおける安定の礎」の「日本への提言９項目」の抜粋を扱う。

ワークシートでは【提言】と【日本の動向】を対比するように並べてある。【日本の動向】で傍線を引いてある箇所は、生徒に配布したものは空欄になっており、教科書から関わりのある語句を拾い上げる作業をした（「　」書きは、提言に関連してはいるが、提言の出る前のことがらである）。

【提言その1】原子力発電の慎重な再開が日本にとって正しくかつ責任ある第一歩である。
【日本の動向】原発ゼロ政策の閣議決定見送り（2012）
他国との比較：ドイツ・イタリアなどは原発から撤退の動き
【提言その2】日本は、海賊対処、ペルシャ湾の船舶交通の保護、シーレーンの保護、さらにイランの核開発プログラムのような地域の平和への脅威に対する多国間での努力に、積極的かつ継続的に関与すべきである。
【日本の動向】[海賊対処法の制定（2009）]

海賊対処法に関連して、東アジアからアフリカまでをカバーする地図を用いて、ジブチを探してもらい、そこに自衛隊の活動拠点があることを説明する。

【提言その3】環太平洋戦略的経済連携協定（TPP）交渉参加に加え、経済・エネルギー・安全保障包括的協定（CEESA）など、より野心的かつ包括的な（枠組み）交渉への参加も考慮すべきである。
【日本の動向】TPP調印（2016）、TPP11署名（2018）

ここでは、アメリカの要請もあり日本はＴＰＰに加わることにしたが、その後、トランプ政権がＴＰＰから離脱し、日本はいわば「二階に登ったら梯子を外された」ような状態になったこと、しかし、その後も日本はアメリカ抜きのＴＰＰ11に積極的に関わってきていることを話す。

【提言その4】日本は、韓国との関係を複雑にしている「歴史問題」を直視すべきである。
【日本の動向】（慰安婦問題）日韓合意（2015）↓ 韓国による合意破棄（2018）
【提言その5】日本は、インド、オーストラリア、フィリピンや台湾等の民主主義のパートナーとともに、地域フォーラムへの関与を継続すべきである。
【日本の動向】自由で開かれたインド太平洋戦略（2016）、日米印豪共同訓練（2020）

ここでも、地図を示し、印・豪・比・台・日の位置を確認したうえで

――これって、どこに対抗しているつながりだと思う？

と尋ねるとすぐに

「中国」

と返ってくる。

——そうですね。「中国包囲網」的な色合いが強そうですよね。

【提言その6】新しい役割と任務に鑑み、日本は自国の防衛と、米国と共同で行う地域の防衛を含め、自身に課せられた責任に対する範囲を拡大すべきである。

【日本の動向】集団的自衛権を容認（憲法解釈変更）（2014）、平和安全法制の制定（2015）

【提言その7】イランがホルムズ海峡を封鎖する意図もしくは兆候を最初に言葉で示した際には、日本は単独で掃海艇を同海峡に派遣すべきである。また、日本は「航行の自由」を確立するため、米国との共同による南シナ海における監視活動にあたるべきである。

【日本の動向】[ペルシャ湾へ自衛隊の掃海艇派遣（1991）]

【提言その8】日本は、日米2国間の、あるいは日本が保有する国家機密の保全にかかる、防衛省の法律に基づく能力の向上を図るべきである。

【日本の動向】特定秘密保護法（2013）
【提言その9】国連平和維持活動（PKO）へのさらなる参加のため、日本は自国PKO要員が、文民の他、他国のPKO要員、さらに要すれば部隊を防護することができるよう、法的権限の範囲を拡大すべきである。
【日本の動向】PKO等協力法改正（2015）

「政経」教科書に太字ゴシック体で示されるような「重要事項」が【提言】に連動するように、数年のうちにいくつも決定されていることが分かるだろう。

むろん、「提言があったから日本政府が動いた」という単純な因果関係でないことに注意しなければならないことは指摘する。[1] それにしても、右の提言と日本の動向がよく符合していることは一目瞭然であろう。

――これ、全体に見てどう思う？

「日本はアメリカの言いなりだなと思った」

――もちろん、提言と日本の外交政策が直接関連しているかは分かりません。ただ、結果的に、この報告書のことを、まるで日本外交の「予言の書」のようだと言う人はいます。実は、昨年、2020年12月に5回目の報告書が出ました。アメリカのバイデン政権発足に時期を合わせたのではないかと思います。次回はそれを材料に皆さんに考えてもらいます。

2コマ目　第5次報告書を読んでみる

「第5次アーミテージ・ナイ報告書」の「安全保障同盟の推進」の箇所を、英語の原文と日本語訳と両方配る。

当初、原文を使って授業をすることも考えたのだが、英語科の同僚に相談したところ「ちょっとレベルが高いだろう」と指摘され、それ以上に、私の英語力のなさが露呈することが危惧されたので、日本語訳を用いることにした。

日本語訳については、英語の達者な生徒2人、朝倉さんと奥村さんに訳してもらったものを使った（購入特典付録の授業プリント参照）。流暢な日本語に訳されていて感嘆する（とても私にはできない）。

まず原文を配ると

「これを読むの？」

とざわめきが起こるので

1　本報告書を、猿田佐世の言う「ワシントン拡声器」として、すなわち「一部の日本人が、アメリカの知日派やシンクタンクに資金や情報を与え」「彼らが発言をしたり、報告書を発表したり」するのを受けて、「アメリカの影響力を追い風に、日本国内で自分たちの望む政策を実現する（猿田佐世『自発的対米従属』p.101）」道具として捉えることもあり得るが、今回はそういう捉え方はせず、本報告書はアメリカの願望・要求が文書化されたものとして扱った。

——授業では、日本語訳を使います。４組の朝倉さんと奥村さんが訳してくれました。ただ、英語が得意な人はチャレンジしてみるといいですよ。受験生だし。

と挑発する。

そして「安全保障同盟の推進」を読んでいく。

段落ごとに、「相互依存型の日米同盟」「課題は中国」「中国との競争的共存」「台湾への関与・支援の強化」「第二の懸念は北朝鮮」「日本の防衛負担増」「兵器の共同開発」「ファイブ・アイズへの加入」「在日米軍駐留経費負担」とキーワードを拾い上げつつ、報告書に見られる、東アジアに関する現状認識と、日本への要請を解説・整理する。

そして、この現状認識と日本への要請について、コメントをメモ書きしてもらう。

３コマ目　生徒は報告書をどう読んだか

——前の時間に各自で書いたメモを元にして、3〜5人のグループで意見交換してください。素朴な感想でもいいし、文書全体についての意見でもいいし、個別の、例えばファイブ・アイズへの加盟についての賛否とかでもいいです。

10分ほどやり取りしてもらってから、グループでの意見交換をクラス全体で共有する。

——グループで、どのようなことが話し合われたか、何が論点になったか、1〜2個ずつ全体に紹介してください。

出た論点を板書しながら、生徒とやり取りしたり、補足したりしていく。あるクラスで出た論点を以下に示そう。

1 「相互依存」という言葉は、アメリカの国際的地位の低下の表れだ。
2 Five Eyes は世界単位での技術の革新・共有に役立つのでは。
3 （提言は）アメリカの一方的な言い分だ。
4 「競争的共存」とあるが、中国に共存する気はあるのか。
5 アメリカは日本を中国・北朝鮮への最前線基地のように捉えている。
6 （提言は）アメリカの意向が強い。
7 台湾をめぐって、アメリカと協力すれば中国と、中国と協力すればアメリカと対立しうる。
8 （提言は）アメリカの情報に基づいている。日本も自分で情報を得るべき。
9 日本はアメリカの傀儡国家のようになっている？
10 ＧＨＱ以来、言いなりになっている。
11 日本は自衛隊を軍隊と認めてしまえばいい。
12 国力の差からして、日米の「相互依存」は成立しない。
13 日本はアメリカの51番目の州になるべき。
14 兵器を国力で開発すべき。その負担は軍民共同で負うべき。
15 （提言は）憲法改正についての反対が根強い日本の国内事情や、中国と北朝鮮の密接な関係、日韓関係など東アジア情勢を無視している。

「日米関係を考えるうえで、この論点は必要だろう」と思われるもので、生徒から出なかったものは私が付け加えた。以下のようなものである。

16　中国の反発…アメリカとの軍事的関係を強化すれば、当然中国は反発するだろう。「日米仲良くていいねえ」とはならない。

17　中国との経済関係…日本は経済的には中国と密接な関係を持っていて、それは日中の政治的な関係とも分けられない。例えば、数年前、日中関係が悪化したときに中国がレアメタルの対日輸出を制限した。

18　憲法（の平和主義）…日本は第二次世界大戦後「平和国家」として生きることを宣言し、それを憲法の原則のひとつとした。自衛隊も、基本的に「専守防衛」の組織としてつくられた。

19　ソフトパワー…外交で重要なのは軍事力だけではない。文化や外交姿勢の影響力もある（これはまさにナイが提唱した概念である）。

20　アメリカの外交政策の変化…外交では予想外のことが起こる。１９６０年代末まで、日本はアメリカにならって台湾との関係を重視していた。ところが１９７０年代はじめにニクソン政権によって、日本の頭越しに米中関係が劇的に改善された。しかも、この米中関係の改善は、日本政府に直前まで知らされず「寝耳に水」だったという。

21　負担の偏在…日米関係に関わるコストのうち、例えば米軍基地が沖縄に集中しておかれているというような問題がある。原発を日本で維持することも、原発のある地域にとって、とりわけ大きな問題である。

22　地理的・歴史的な遠近…中国や北朝鮮は、アメリカにとっては、なんといっても太平洋の反対側の国であるが、日本にとっては隣国である。歴史的にも日中関係・日朝関係は日米関係よりはるかに長く深い。

日本を米中間に位置づける

——日米関係に関わる論点は多岐にわたります。ですから、あまり話を単純化するのはよくないのです。よくないのですが、それを承知のうえで、授業の最後は話を単純化して、次のような作業をしてもらいます。

米中が対立（競争的共存）する状況は当面続くでしょう。そのような状況下で、日本は平和と安全を守るために、どういう位置を占めたらいいのか、次のような図に、日本のあるべき位置を書き込んでみてください。日本の立ち位置をおおざっぱに考えるということです。

米

中

約5分後、先ほどと同じグループで、お互いにその図を見せあい意見交換する。できれば、何人かに板書して説明してもらおうと思っていたのだが、時間切れとなった。

　最後に、以下のように話す。

――外交・安全保障政策は、多くの要素を考えあわせなければならない、複雑かつ微妙なものです。ですから、国内政治以上に、プロの外交官や政治家に任せてしまいがちです。けれど、国民が主権者なわけですから、国民が外交についても意見を持ち、少なくとも、政府を監視する必要があるでしょう。

――外交や安全保障は日常生活とはかけ離れていると感じる人も多いでしょう。けれど、他人事として考えないでほしいです。

例えば、私が担任した卒業生には自衛隊の幹部になっている人もいれば、防衛医官になっている人もいます。だから、私にとって「米軍と自衛隊の協力が強化される」ということは「私の知っている○○くん、○○さんが、海外、場合によっては、戦地に派遣される可能性が強まること」です。

皆さんのなかにも防衛大や防衛医大を受ける人がいるでしょう。そんなことも考えてみてください。

定期考査で

定期考査で、右の作業とほぼ同じ内容の出題をした。

2021年7月に公表された『令和3年版 防衛白書』では「第2章 諸外国の防衛政策など」の「第1節 米国」「第2節 中国」に続き、新たに「第3節 米国と中国の関係など」が設けられた。これは、日本の外交・安全保障政策上、米中関係のなかにどう日本を位置づけるかを考えることが不可欠なことを象徴している。ついては、下の図に、あなたのあるべき日本の位置を書き込み、それについて説明しなさい。

[図]　㊍　㊥

[説明]

以下、あるクラスの生徒の書いた図と説明をいくつか紹介しよう。

生徒A

［図］

㊊――――――――日――――――――㊥

［説明］以前のようにアメリカ一強の世界情勢ではなくなっていることや戦後76年の現在日本が充分に自立できる政治・経済体制であることからアメリカ依存から脱却するべきではあるものの、協調関係は維持すべき。また、中国は経済面で相互に関係が強いものの、中国の台湾やウイグル自治区に対する姿勢や監視社会は民主主義を掲げる日本として全面賛成できない。そのため、アメリカよりでありながら米中共に関係を維持する位置にした。

生徒B

［図］

㊊　　　　　　　日　　　　　　　㊥

［説明］日本は戦後アメリカとの緊密な関係を維持しており、米軍の駐留含めこの関係には日本の防衛上の利点がある。一方、中国は南シナ海進出やウイグル・香港など

国際的に非難を浴びる行動が目立つ。しかし、東アジアの一員として中国との関係改善は必須であるし、長期的には欧米諸国に頼りすぎない東アジアの構築も考えるべき余地はあると思う。

生徒C

［図］

米

日

中

［説明］現在の日本は、アメリカに寄りすぎていると思う。たしかに今まではアメリカ1強の時代であったが今後中国、インドを初め（ママ）とした国々がアメリカと並び超える存在になりえる。そうなった時、アメリカは今のように日本にかまってくれるとは、考えにくい。また、日本とアメリカの近さを見ると、自然と中国から日本がアメリカの小分（ママ）だと見なされ、地理的に近い間がらもあり火の（ママ）こがかかる可能性もあるため。等距離にいるべきだ。

生徒D

［図］

［説明］□で示した現在の日本は米国との関係が深く基地問題なども生じている。またこのような同盟関係は周辺諸国の反感を買いかねない。日本はどの国にも与しすぎず中立的であるべきだと思う。

生徒E

［図］

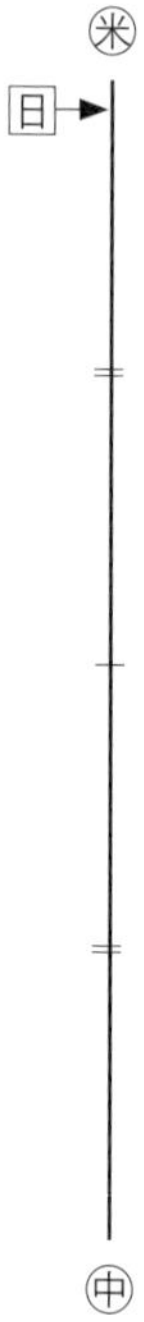

［説明］日本は資本主義だし、アメリカはいまだに強い大国なので日本はアメリカの参下(ママ)に入り、中国とは政治的にキョリ(ママ)をおくべきだと思う。ただアメリカは国外の戦争で良い結果になったことがないので軍事面での協力はひかえた方がよいと思う。

全体の傾向をざっくり3つに分類すると、このクラスでは左の通りとなった。

ア　米国寄りだが中国とも協調する。　生徒A・生徒Bなど　18人
イ　米中と等距離・中立を保つ。　生徒C・生徒Dなど　14人
ウ　対米関係を強化する。　生徒Eなど　2人

もっとも、アでも米中間での日本の「置き方」にはバラツキがあったし、イも米中対立(米中戦争)に巻き込まれたくないという考えからの、かつての非武装中立的な立場もあれば、自主防衛的な立場もある。孤立主義的な立場もあれば、日本こそ米中の架け橋になるべきという立場もあり、内実はバラエティに富む。他のクラスでは、中国寄りの立場をとるべきという考えもあった。

時間があればこれらをフィードバックして、さらに議論を深めることができたのにと、多様な答案を読みながら思う。

なお、この問題(配点10点)の評価は、次のような基準で行った。

・[図]はあるが[説明]の文意がとれないもの。[図]と[説明]が整合しないもの。【3点】
・説明内容がアメリカまたは中国との関係にのみ言及しているものや、狭義の安全保障(軍事)面のみの説明になっているもの。【5点】
・安全保障(軍事)面に加えて、経済(貿易)面、イデオロギー(「戦争放棄」「民主主義」「東アジアの一員」等の理念)面、さらには

文化、歴史、地理的関係等、複数の視点からの説明になっているもの。【7点】

・さらなる視点での説明があったり、ユニークな発想のあるもの。【9〜10点】

卒業生からのコメント

この授業を行ったあと、たまたま翌春から外務省に勤めることがほぼ決まった卒業生と会う機会があったので、この記録を読んでもらいコメントをもらった。彼女のコメントの要旨は以下の通りである。〔　〕内にそれに対する私の感想を示した。

1　アメリカと日本が多くの面で同じ方向を向いているのは間違いないだろうが、人権や気候変動問題について、日本がアメリカとは違う方針を取っているということも確かである。それゆえ、「日本はアメリカの言いなりだ」的な生徒の意見は違うのではないか。〔外交全般でいえばそうだが、こと安全保障・軍事面で「アメリカとは違う方針」をどれだけ日本がとれているのか私は懐疑的だ。〕

2　アメリカの声を上手く外部圧力として利用して、日本に利する外交政策に役立てるという構図があるのではないか。〔猿田と同じ見方と言えよう。授業後に読んだ佐橋亮『米中対立』においても（米中関係に限定しての言及ではあるが）「米中関係を論じる場合、国家間の関係として、あたかもそれぞれの国が政府のもとに一つのアクター（主体）として動いていると想定したような議論に陥る場合がある（p.168）」が「政治的な力は自然にまとまることはあっても、時の政権がそれを集約させることはいつも難しい」のであり「今後もアメリカ国内における政策形成は、それぞれのアクターの動きをみながら分析していくべきだろう（p.207）」とあった。

高校の「政経」の授業でどこまで踏み込めるかは検討すべきだが、日米関係を単純な「ビリヤード・モデル」のみで扱うことの危険性をもう少し意識すべきだったかもしれない。〕

3　日本がアメリカと足並みを揃えている分野、日本がアメリカと違う方向を向いている分野を調べて、それぞれがどの程度日本外交にとって重要か、比較することができると面白いかもしれない。

〔このコメントの背景には、今回の授業が、外交を、安全保障・軍事面に限定してとらえていたことへの批判があるのだろう。外交全般を考える授業を構想できると面白いとは思うが、いささか荷が重い。〕

教材づくりの日々❸

金貨を買う

アパルトヘイトと金貨

南アフリカ共和国（以下「南ア共和国」）でアパルトヘイトがあった時代のこと。アパルトヘイトとは１９４８年から１９９０年代初頭まで続いた、有色人種への徹底した人種隔離・差別政策のことである。

国連がアパルトヘイトを「人道に対する罪」であると宣言して、１９８５年に加盟国に対して南ア共和国への経済制裁を要請するようになってからも〝名誉白人〟という不名誉な地位を同国で得ていた日本（人）は、南ア共和国との貿易関係を続けていた。１９８７年の末には、日本が南ア共和国最大の貿易相手国となることが明らかになり国際的にも顰蹙（ひんしゅく）を買っていたのである。

だから当時の社会科教員は、アパルトヘイトと日本の関わりを扱うために、南ア共和国産の商品を探し出しては買ったものだ。

具体的にはアップルタイザー（りんごジュース）、ワインなどが多かった。当時の南ア共和国は金の産出量も多かったので（当時は若かったから「大枚はたいて」）クルーガーランド金貨も購入した。

ブレトン・ウッズ体制と金貨

さて、「政経」の経済分野でブレトン・ウッズ体制の話をする時に「金1オンス」が登場する。「金1オンス＝35ドル」というやつである。

もちろん、こんなものは記号なのだから、説明したり暗記させたりすれば終わりなのかもしれない。けれど、金1オンスってどのくらいの大きさなのか、重さなのか気になってならない。そもそもオンスなんて単位は普通使わないし。そこで、1オンスのウィーン金貨を購入した。2006年の2月か3月のことである。

買った金貨は授業で回覧している。

金は比重がとても大きい。1立方センチあたり19・32グラムは、鉄の7・874グラムの2倍以上である。だから、1オンス金貨を手のひらにのせると、サイズと比べて「ずっしり」という感じがする。その重みを感じさせたい。

――今から回覧するから途中で金貨チョコにすり替えないでください。

――金メダルじゃないから噛まないでね。

と笑わせる。

ブレトン・ウッズ体制下で1ドルは360円の固定相場制。35ドルは12600円という話をすると

「先生、いまこれいくらですか?」

と聞かれる。そこで

――僕がこれを買ったのは2006年だけど、当時7万5000円弱でした。

と答えると「えーっ」という声が上がる。そこで続けて

――いま、金がいくらか知っている? だれか「1オンス金貨価格」でググってごらん。

と言うと、調べた生徒が

「ウィーン金貨1オンス……店頭小売価格28万7千円ぐらい!(2023年1月)」

と皆に伝える。

「おおー」「これで28万円?!」

――そうなんです。17年経ったら4倍ぐらいになっちゃった。もっともいまはロシアのウクライナ侵攻などで金価格が特に上がっています。よく「有事の金」とか言って、戦争などが起こると金価格が上がるんです。

教材用に買ったものが、思わぬ投資になってしまったお話。

左/クルーガーランド金貨(ケース付き)。右/ウィーン金貨(表と裏)

5

ロシアのウクライナ侵攻

2022年4月に、ロシアのウクライナ侵攻に関する授業を行った。侵攻開始から2か月、「現在進行形」のできごとであったたし、何が起こっているのか分からないことだらけだったたし、もう少し時間を経てから授業にしてもよかった。ただ、今回のウクライナ侵攻は米同時多発テロと同様にその後の国際社会に大きな（悪）影響を与えるだろうと思ったことから、教材研究不足は百も承知で授業に踏み切った。

授業のタイトルについて一言。

ある生徒がこの授業のあとの『授業ノート』にこう書いてきた。

「今日の記録ノートを通して、言葉遣いが難しいなと感じました。『ウクライナ侵攻』で統一しましたが、その他の言い回しもあるのでそこはどうするか。また大統領をつけるのかつけないのか。使う名称を選ぶことに私見が入ってしまう気がして、主観的な記録ノートになってしまった、と思いました。」

言語によるイメージ操作に気づいている！　素晴らしい！　と思う。と同時に、自分も授業での言葉の選択に注意しなければと思った。

本稿では、この生徒に敬意を表して、このできごとを「ロシアのウクライナ侵攻」と呼ぶことにする。

授業の流れ

ウクライナ侵攻の生々しい情報は、新聞やTVやネットで大量に流れていたので、授業では、そういう情報からは一歩退いて、それらの情報を読み解く「目」(の1つ)としての国際法を提示したいと考えた。

提示する国際法のうち、国連憲章は、以前から、日本国憲法第9条について授業をする際に国際社会のスタンダードとして取り上げていたので、それを「使いまわし」した。一方、国際人道法については、同年3月初めから一夜漬けの勉強を始めた。

また、ロシアのウクライナ侵攻が激しくなるにつれて、メディアからは「ロシア側の主張」が消えていく印象があったので、そこはあえて取り上げたいというようなことも考えた。

その結果、授業は次のような3コマ構成になった。

1コマ目　ロシアのウクライナ侵攻の何が問題なのか　国際法の視点から1
2コマ目　ロシアのウクライナ侵攻の何が問題なのか　国際法の視点から2
3コマ目　プーチン(ロシア)は何を考えているのか?

授業内容を構成するのに手一杯で授業方法を工夫する暇がなかったから、ほぼ講義である。

1コマ目と3コマ目

1コマ目では、ロシアのウクライナ侵攻を、国連憲章の武力不行使原則と照らし合わせ、

1　ロシアの今回の行動は、国連憲章第2条第4項に違反する疑いが強いこと
2　だが、常任理事国であるロシアの拒否権に阻まれ安保理決議を出すことができないため、国連は紛争解決のための十分な機能を果たせないこと

を示した。

3コマ目では「ロシアの主張に共感・賛同する必要はないけれど、今後の対応を考えるためにも、それを理解する必要はあるだろう」というスタンスで次の話をした。

1　NATO（やEU）の東方拡大と、ロシアの「戦略縦深」の喪失
2　旧ソ連の一部としてのウクライナ
3　ロシアにとっての「国境」と「勢力圏」の概念（小泉悠の本を参考にした）
4　ロシアにとっての「戦争」概念の広がり（小泉悠の本を参考にした）
5　（ロシアの）国内政治との関わり

また、ウクライナ侵攻に際してプーチン・ロシア大統領が「口実」とした「ウクライナの非ナチ化のため」という主張に関わって

6　アゾフ（連隊／大隊）やウクライナの極右・ネオナチについて

話をした。アゾフ（連隊／大隊）が、少なくとも過去に極右・ネオナチの思想を信奉するメンバーを多く抱えていた点をどう話すかは最後まで迷ったのだが、次のようにスライドでまとめた。

アゾフ（連隊／大隊）について
・ウクライナ・マリウポリを拠点とする準軍事組織
・２０１４年のドンバス地域（ウクライナ東南部）の親ロシア派との紛争で名を挙げる
・現在はウクライナ内務省管轄の国家親衛隊に所属している
・かつて極右・ネオナチの思想を持つ団体として西欧諸国からも警戒されていた
・現在の思想的立場は不明
・国民の極右・ネオナチへの支持は高くない

2コマ目の授業

①

前回の話と今回のお題
国際連合憲章
「戦争」そのものの禁止
原則：武力不行使
例外：国連安保理の強制措置
さらなる例外：自衛権の行使
ロシア：国連憲章第2条第4項違反の疑い

——前回は国連憲章の話をしました。これは、言ってみれば「戦争そのものを禁止する」ということでしたね。もっとも「戦争」という言葉は使ってません。何を禁止したんだっけ？

「武力行使」

——そうそう、武力行使の禁止。それで例外として、他国に侵略する国があったとき、安保理が決議すればみんなで寄ってたかってそれを叩く、そこでは武力を行使してもよい。また、侵略された国やその同盟国は、自衛権を行使して反撃していい。これらは例外。

——今回のロシアによるウクライナ侵攻は——ロシア自身は色々口実をつけているけれど——それらの例外に当たるとは考えにくいので、ロシアの行為は、国連憲章第2条第4項に違反しているのではないか、というのが前回のまとめでした。

①（続き）

> 国際人道法
> 「戦争」中の行為の制限・禁止
> ~~戦争だから何をしてもよい~~

——今日は国際人道法というルールについて話します。これは、戦争中の、個々の行為について、こういうことはしてはならないとか、していいというレベルの話です。皆さんは、戦争になったらもう何でもあり、勝つためには何をやってもいいと思っているかもしれないけれど、そうではないんです。そうではないということが国際社会のルールになっている。

——実は、国際人道法って「政経」の教科書に載っていないどころか、大学でもあまり教えられていないと思います。日本はこの70年、平和主義をとっていて、そのことはとても貴重なのだけれど、それだけ戦争や軍事に関して学ばなくなっている。日本で一番、国際人道法を学んでいるのは防衛大学校の学生じゃないかな。自衛官が国際人道法に違反したら問題ですから。

もしかするとこの授業を終わると、皆さんは日本で一番国際人道法に詳しい高校生になるかもしれません。

②

平時と戦時
平時に人を殺したら…
（日本なら）
　刑法第199条違反による刑罰
　被害者遺族に損害賠償
戦時に敵兵を殺したら…
　刑事罰も民事罰も受けない
　場合によっては賞賛される
　逆に、殺されても何も相手に求められない
　　←
　異常なこと！
　　←
　戦時に限ってのルールが必要

――そもそも戦争のない平時と戦時では色々なルールが違います。

例えば、いま僕が○○くんを殺したとする。○○くんごめんね（生徒笑う）。そうすると私はどうなりますか？

「捕まって……罰を受ける」

——そうですね。日本であれば刑法第199条に、人を殺すと懲役5年とか10年とか無期懲役とか死刑になると書いてある。だから罰せられる。もうひとつ私は制裁を受けるんだけれど何だと思う。

「社会的な制裁……」

——あー、それもあるけれど、今は法のレベルで考えてもらって。殺人だとかえって分かりにくいか。僕が車を運転していて、○○くんをはねてしまったとする。○○くんごめんね(笑)。そうしたら?

「損害賠償」

——そうですね。殺人であれば遺族が私に損害賠償請求をする権利が生じる。じゃ、戦時中だったらどうですか。私が兵士で、相手の兵士を撃ち殺しても、刑罰も科せられないし、お金を払うこともない。それどころか、誉められたり、勲章をもらったりするじゃない。もちろん逆に自分が殺されても文句は言えない。これってとても異常ですよね。だから戦時にはちょっと別のルールを考えないといけない。

③

国際人道法とは
国際法のなかのカテゴリーのひとつ
かつての戦時国際法
今は平時の重大な人権侵害（ホロコースト等）も対象に
条約と慣習国際法
条約の例：1949年のジュネーブ諸条約、同追加議定書
　ハーグ陸戦規則、ジェノサイド条約、化学兵器禁止条約、
　国際刑事裁判所（ICC）規程　等
戦争の方法及び手段　　戦争犠牲者の保護

このスライドでは、国際人道法の概要を話す。

平時の重大な人権侵害に関わって、ホロコースト等について少し寄り道する。なにしろ高校生はその規模（約600万人のユダヤ人が殺されたという）すら知らないのである。それ以外にもホロコースト等について語りたいことは多いが、ここでは旧ユーゴスラビアでの民族浄化やルワンダでの虐殺についても一瞬だけ触れて本題に戻す。

また「慣習法」という概念については、エスカレーターでの立ち方を例に説明する。

④

戦争の方法及び手段の規制
（開戦法規、中立法）
害敵手段の規制
攻撃対象
攻撃対象は軍事目標のみ
民用物への攻撃は不可

――戦時国際法と呼ばれていた頃には、開戦法規、つまり戦争の始め方についてのルールもありました。戦争は宣戦布告をしてから始めなければいけないとか。それから、中立の保ち方とかも規定がある。

ただ、現在は、国連憲章で戦争そのものが禁止されているから、「どうやって戦争を始めるのが正しいか」というルールはほぼ意味を持たないでしょう。それに、安保理の強制措置には、基本的にすべての国連加盟国が関わるから、中立という訳にいかないですよね。ですから、このあたりは今は使わない。だからカッコづけにしてあります。

――害敵手段の規制。つまり、相手を攻撃する、その仕方に規制がある。

まずは攻撃対象で、これは軍事目標のみとされている、軍事目標じゃないものを民用物と呼びますが、それは攻撃しちゃいけない。

配布したハンドアウトの関連条文を読んでもらう。

1949年8月12日のジュネーヴ諸条約の国際的な武力紛争の犠牲者の保護に関する追加議定書（抜粋）
第48条　紛争当事者は、文民たる住民及び民用物を尊重し及び保護することを確保するため、文民たる住民と戦闘員とを、また、民用物と軍事目標とを常に区別し、及び軍事目標のみを軍事行動の対象とする。

⑤

【クイズ】武力紛争で攻撃対象とすることを禁止・制限されているのは？
次の1〜4のうち、国際人道法で攻撃対象とすることを禁止・制限されている施設等はどれか、すべてあげなさい。

1　文化財　　　　　　　　　　　　2　医療施設・医療要員
3　危険内蔵施設（ダム、堤防及び原子力発電所）　4　自然環境

答：全部（答は最初は出ていない）

右の条文は抽象的なので、攻撃を禁止されている施設等とその標識についてクイズで知ってもらう。

――戦争中、文化財を攻撃してもいいと思う人、手を挙げて？

と順に尋ねていくと、常識的に考えても「これはダメでしょう」と思うのだろう、手が挙がらない。クイズとしては捻りがなさすぎた。

「自然環境」については、その範囲があまりに広く漠然としているので、生徒も迷うようだ。そこで、ベトナム戦争での枯葉剤の散布の話をする。そうしたら、『授業ノート』に、「ベトちゃんドクちゃんのことを思い出した」と書いてきた生徒がいた。ずいぶん昔の話なので、ちょっと驚く。

――こういうルールを知ると「あれ？　ロシアがやっていることはこのルールに違反するんじゃない？」と思うことがあるでしょう。そういうことを考えながら聞いてください。

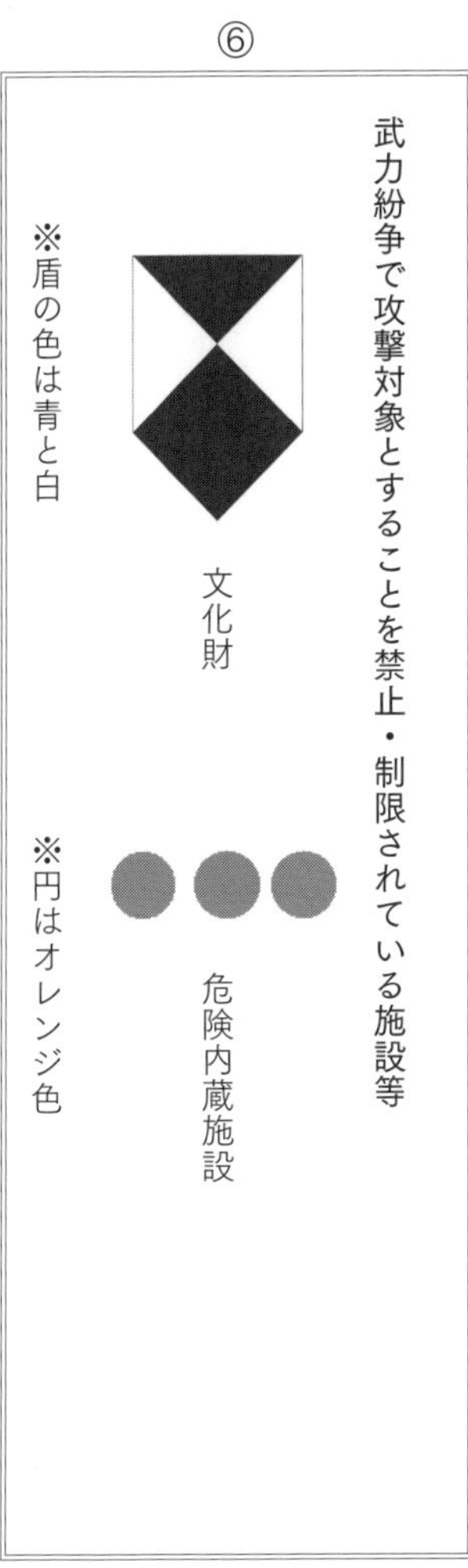

——攻撃対象にしてはいけないと決められていても、どこにそれがあるか分からなかったら攻撃を避けられないですよね。ですから、今見た施設などについては、自然環境は別として、標識も決まっていますよね。

——医療施設・医療要員については知ってますよね？　病院とかを示すマークは？

「赤十字」

——その通りです。

⑥（続き）

医療施設・医療要員

→

使用法が

「赤十字の標章及び名称等の使用の制限に関する法律」や「武力攻撃事態等における国民の保護のための措置に関する法律」に定められている。

用意しておいた赤十字の旗を見せる。

——赤十字は「ここには病院があるから、負傷者がいるから、攻撃しないように」と示すものですから、いい加減に使うことはできません。例えば赤十字に隠れていて突然相手を攻撃するとかは禁止です。

⑦

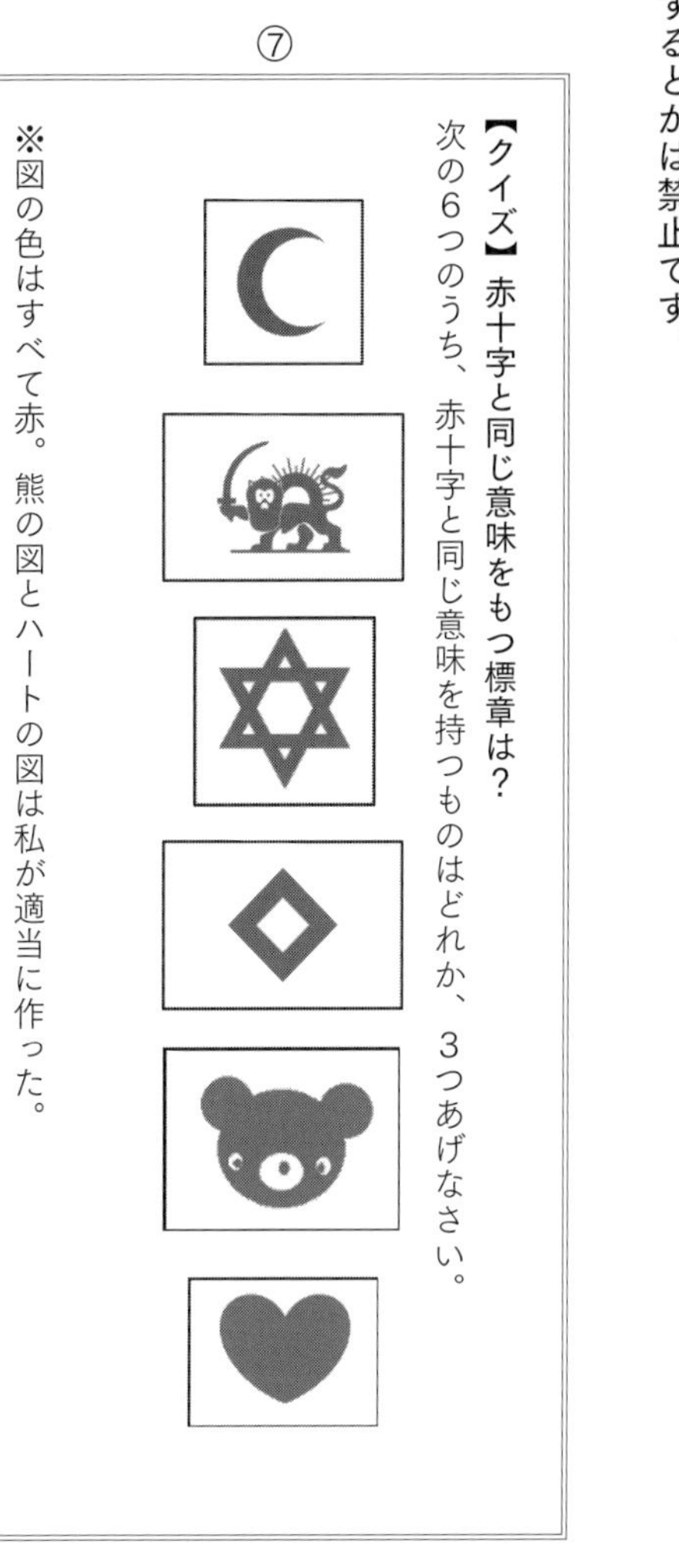

このスライドは、授業半ばの「休憩」用につくった寄り道クイズ。ただ、生徒は思った以上に、このクイズに関心を持った。

図柄を一通り説明する。

――それで、国際的に赤十字と同じ役割を果たせるものがこのなかに3つあるんですけれど、どれとどれとどれだと思いますか。

⑦（続き）

○　赤新月 ○　赤獅子太陽 ○　赤クリスタル

少し時間をとってから種明かしをする。正解は右の3つである。そのうち、赤獅子太陽は1979年の革命前のイランで使用していたもの。また、赤クリスタル（赤水晶）は比較的最近、赤十字と同じ機能をもつことになったという。

⑧（④に加えて）

戦争の方法及び手段の規制 戦闘方法・手段 プリント参照 特定兵器の禁止

――話を戻します。戦闘方法・手段について、どう定められているか、見ましょう。

ジュネーヴ諸条約追加第1議定書（先のもの）
第35条
1　いかなる武力紛争においても、紛争当事者が戦闘の方法及び手段を選ぶ権利は、無制限ではない。
2　過度の傷害又は無用の苦痛を与える兵器、投射物及び物質並びに戦闘の方法を用いることは、禁止する。
3　自然環境に対して広範、長期的かつ深刻な損害を与えることを目的とする又は与えることが予測される戦闘の方法及び手段を用いることは、禁止する。

——1は、戦闘であっても、どんなことをしてもいいということではないと言っている。

2は、戦争では、相手が自分に従えばいいわけだから、そうさせるための最小限のことだけしろと、それ以上に苦しめたり、痛みを与えたりするのはダメだと言っている。

3は、先ほど話した自然環境を攻撃しちゃダメだと。

ただ、ちょっと抽象的ですね。より具体的に「この兵器は使ってはならない」というものを見てみましょう。

⑨

【クイズ】使ってはいけない兵器は？

次の1～5のうち使用が禁止されている兵器はどれか、すべてあげなさい。
1 ダムダム弾
2 サリン・ガス
3 ペスト菌
4 劣化ウラン弾
5 対人地雷

答え：4以外

――ダムダム弾知っている人いる？

と尋ねると、驚いたことにクラスに1～2名手を挙げる。

「弾丸の中の金属が、ぶつかるとそれが広がって……」

――その通り。普通の弾丸は固い金属に覆われているけれど、ダムダム弾は、先端に穴が開いていたりして、中に鉛が入っている。それが人体に当たると鉛は柔らかいから飛び出して花びらのように広がる。そうすると傷も広がるし、貫通しないで体内に留まるから、より苦痛が増すんです。

それに比べると劣化ウラン弾は名前を聞く程度のようだ。

——劣化ウラン弾というのは、ウランを含む鉱石を製錬したあとに残る、いわばカスのようなものを弾丸にしたもので、比重が高く重いんです。物理で学んだでしょう、運動エネルギーは質量に比例するから、劣化ウラン弾は強力。戦車の装甲を貫通したりする。劣化ウラン弾は命中したときに細かい粉末になったりして、それを吸うと内部被曝するんじゃないかと言われている。

——どれもひどい兵器ですけれど、実はこの中に国際人道法で禁止されていない兵器が１つだけあります。

（間をおいて）劣化ウラン弾です。劣化ウラン弾は、それを禁止しようという声も強いけれど、兵器として使い勝手がいいので、禁止に反対する国もあって、まだ禁止されていません。

⑩

戦争犠牲者の保護
- 傷病者
- 難船者
- 死者・行方不明者
- 捕虜

――次に、戦争犠牲者の保護の話をします。

戦時国際法で、最初に「保護しなくては」という話になったのは、戦場で傷ついたり病気になったりした兵士です。

――赤十字をつくったアンリ＝デュナンはもともと実業家ですけれど、イタリア統一戦争だったかの戦場を通過した時に、戦闘でケガをした兵士や死んだ兵士が野ざらしになっていたのに衝撃を受けて、敵味方の別なく兵士を看護する活動を始めて、それが赤十字につながったといいます。

――難船者は、海戦で沈没した船に乗っていた人とかですね。これも保護される。

戦死者についても、たとえ敵兵であってもきちんと埋葬しなければならないとか、誰がどこに埋葬されたか分かるように記録しておかなければならないとか、その記録を相手国に届くようにしなければならないとか、国際人道法で定められているんですよ。

【クイズ】捕虜の取扱いは？

1　人種、国籍、宗教的信条、政治的意見により差別されず、均等な待遇を与えられる。

2　捕虜とされた後、戦闘地域から充分に離れた危険の圏外にある地域の収容所に後送される。

⑪

3 同一地域にいる抑留国の軍隊と同様に良好な宿営地に抑留される。
4 女子の捕虜には男子と分離した寝室が確保される。
5 良好な健康状態を維持し、体重減少や栄養不良を防止するのに充分な食糧が提供される。
6 身体の運動をする機会と、戸外にいる機会が与えられる。
7 身体の切断など人体実験の実験台にされない。
8 必要な治療を受けることができ、その費用は、抑留国が負担する。
9 手紙・葉書を送付し、受領することが許される。
10 宗教的儀式を行う適当な場所が提供される。

答え：全部

――そして捕虜。敵国に捕まった兵士ですね。捕虜は犯罪者じゃないので、捕まえても敵だからといって虐待したり、非人間的に扱ってはいけないんです。このスライドに書かれていることは、すべて捕虜に認められている権利です。

突然の話題転換。

――オーケストラ部の人いる？　あるいはクラシック音楽が好きな人？

その生徒に尋ねる。

――日本で一番演奏回数の多い交響曲って何だと思う？　年末になるとしょっちゅう演奏しているじゃない。

「第九ですか？」

――そうそうベートーベンの交響曲第９番「合唱付き」。

『フロイデ　シェーネル　ゲッテルフンケン
トフテル　アウス　エリイズィウム
ヴィル　ベートレーテン　フォイエルトゥリンケン
ヒンムリーシェ ダイン　ハイリヒトゥム！』

ワンフレーズだけ歌う。

――私は一度歌ったことがあります。

その第九ですけれど、日本でこの曲を初演したのはどういう人だったか知ってる？

あるクラスではクイズ研究会の生徒がスラスラと答えた。

「徳島県の捕虜収容所で捕虜が演奏した」

――よく知っているねえ。時は１９１８年。第一次世界大戦で日本と対戦していたドイツ。そのドイツの兵士が捕虜になって、徳島県の捕虜収容所に入れられていた。捕虜たちも時間をもてあましていたのかもしれません。それで彼らが日本初の第九を演奏したんです。この頃の日本は軍隊に国際人道法をきちんと守らせていたんですね。

この件について、別のクラスで「中学校？　の教科書？　に載っていました」と言った生徒がいた。調べたところ、いくつかの教科書にこれに関わる話題が紹介されているようだ。

⑫（⑩に加えて）

↑文民（民間人・市民）の死亡者の割合

第１次世界大戦	5％
第２次世界大戦	50％
朝鮮戦争	85％
ベトナム戦争	95％

文民（民間人）　⇕　戦闘員

女性と子どもは特別な保護

戦闘に参加できる
攻撃対象とされる
捕虜になる資格をもつ

――ここまでは、もっぱら兵士の話ですよね。

ところが、これを見てください。戦争で死ぬ人の中の、兵士以外の人の割合がどんどん高くなってきたんです。

——そこで、兵士とそうでない人をはっきり分け、兵士以外の犠牲者をなくそうということになる。兵士のことを戦闘員と言います。そうでない人、ニュースなどでは民間人と言ったり市民と言ったりするけれど、国際法上は文民と表現します。戦闘員は戦闘に参加できるし、逆に攻撃対象になる。捕虜になるのも戦闘員だけ。それ以外の人はすべて文民。文民は攻撃してはならない。

なかでも、女性と子どもは特に大事にしなければならないということも規定されています。

この説明を受けて『授業ノート』に「報道で、『民間人の死者○名、うち子ども○名』というようにわざわざ言っているのは、それに関係するのでしょうか」と書いてきた生徒がいた。鋭い。

⑬

> **文民と戦闘員の識別**
>
> 戦闘員
>
> 文民たる住民を敵対行為の影響から保護することを促進するため、攻撃又は攻撃の準備のための軍事行動を行っている間、自己と文民たる住民とを区別する義務を負う。

——戦闘員は、自分が戦闘員であることが分かるようにしておかなければならないんです。

突然、迷彩服の上着を着て、パトロールキャップをかぶる。生徒はあきれている。

——こういう格好をしていれば、間違えることはないでしょう。ただ、国際法上は、ここに

（と肩や胸を示し）、所属を示す徽章（きしょう）――ワッペンですね――を付けなければなりません。

――市民が武装蜂起するような場合。普通の服を着ていても、こうやって……

とおもちゃの銃を出し

――公然と兵器を持っていれば、戦闘員ということになるでしょう。これはおもちゃですけれど、たとえフェイクの武器でも持っていたら戦闘員と見なされてしまうでしょう。

⑭

> 国際人道法に違反すると
> ・個人の責任を問われる
> ・国内の司法機関（裁判所や軍法会議）
> 　または国際法廷（国際刑事裁判所など）で裁かれる
> ・「上司の命令に従っただけ」「部下が勝手にやった」は言い訳にならない

「じゃあ、国際人道法に違反したらどうなるの」というのは当然に出る疑問で、それゆえ戦争犯罪を裁くための手続（とその限界）の話も重要なのだが、今回は残念ながら時間切れで、ポイントだけ示すことになった。

⑮

日本の法整備

自衛隊法（抜粋）

第88条　第76条第1項の規定により出動を命ぜられた自衛隊は、わが国を防衛するため、必要な武力を行使することができる。

2　前項の武力行使に際しては、国際の法規及び慣例によるべき場合にあつてはこれを遵守し、かつ、事態に応じ合理的に必要と判断される限度をこえてはならないものとする。

国際人道法の重大な違反行為の処罰に関する法律（抜粋）

第1条　この法律は、国際的な武力紛争において適用される国際人道法に規定する重大な違反行為を処罰することにより、刑法等による処罰と相まって、これらの国際人道法の的確な実施の確保に資することを目的とする。

――ここにあるように、日本でも自衛官が国際人道法を守るようにと命じているし、もし万一国際人道法に違反したときに罰するための法も制定されているんです。

とだけ言って、このスライドも通過する（日本の法整備が不十分だという伊勢崎賢治の批判は、授業をした後に知った）。

⑯

ロシアによるウクライナ侵攻と国際人道法

⑰

OSCE報告書（2022年4月13日公表）
・OSCE＝ヨーロッパ安全保障協力機構　欧米諸国・ロシアが加盟
・マリウポリの病院への攻撃（3月9日）
ロシア軍によるもの　意図的、有効な警告や退避の期限なし
↓　明確な国際人道法違反である　↓　戦争犯罪にあたる
・マリウポリの劇場の破壊（3月16日）
ウクライナ側が破壊したとするロシア側の主張は裏付けなし
国際人道法違反の可能性が高い
・ウクライナ側にも捕虜の処遇などの違反行為はあったが、ロシア側の違反は、性質と規模ではるかに大きい
・ロシア軍が国際人道法を重視していれば市民の犠牲はかなり減っていたはず

最後は説明してきた国際人道法と今回のロシアによるウクライナ侵攻をつなげる。

とは言え、まだ紛争途中で、戦場で何が起きているか分からないことばかりである。

ロシア軍が国際人道法に違反する行為を数多く行っていることは間違いないようではある。

だが確証がない。

「先生、それってウクライナ側のデマじゃないんですか?」

と尋ねられたときにどう答えるかも考えておかなければならない。

迷っていたら、授業直前にＯＳＣＥの報告書が出たという報道があったので「報告書によれば」という形でまとめた。それから、国際刑事裁判所の検察官もウクライナ入りしたことを付け加えた。

⑱（①を完成させて）

前回の話と今回のお題

国際連合憲章

「戦争」そのものの禁止
原則：武力不行使
例外：国連安保理の強制措置
さらなる例外：自衛権の行使
ロシア：国連憲章第２条第４項違反の疑い

国際人道法

「戦争」中の行為の制限・禁止
~~戦争だから何してもよい~~
ロシア：国際人道法を軽視しており、その違反の性質と規模は大きいようだ

最後のスライドでも、ＯＳＣＥ報告書の結論を借りた。

——ロシアは、国家として国連憲章第２条第４項に違反している疑いが強いし、個々の行為としても、国際人道法に違反している事例が多いようです。

――これらは、この紛争が終結した後に、国際社会で裁かれていくことになるでしょう。

授業後に

この授業（2コマ目）が終わったあとの『授業ノート』に次のような感想が寄せられた。

「途中で文民と戦闘員の区別という話がありましたが、なくなっていい命は1つもないはずなのに、まるで『戦闘員なら死んでもいい』という考えがあたり前であるようなニュアンスを感じて辛くなりました」

たしかに国際人道法は武力紛争があることを前提として作られている。だから、はっきり言えば「戦争中は（過度に残虐にならなければ）戦闘員同士は殺し合って構わない」ということになるのだが、この生徒の指摘の通り、戦闘員の死もまた非人道的なのは確かである。

こういう生徒の思いは大事にしたい。この感想を教科通信に載せて、読みあげたうえで

――戦争がないのが一番よい、それはその通りです。でも、それがかなわない間、せめて戦争の犠牲者を少なくしようと国際人道法があるのです。

と話した。それでその生徒が納得するかは分からないが。

教材づくりの日々 4

ODAと紙幣・切手

ODAと外国紙幣

日本の政府開発援助（ODA）が被援助国に感謝され、その成果がその国の切手や紙幣の図柄にされることがある。外務省ウェブサイトの「外国の切手・貨幣になったODA」のページにはそれらが紹介されている。

https://www.mofa.go.jp/mofaj/gaiko/oda/about/hanashi/stamp_index.html

紙幣と切手を比べると切手の方が多い。たぶん発行コストが安いのだろう。ただ、切手は（シートであれば別だが）小さくて、授業で「手に取る」ことが難しいので紙幣を集めることにした。

現在私が持っているのは

・バングラデシュの100タカ紙幣
（円借款による協力で建設されたジャムナ橋）

・カンボジア500リエル紙幣
（無償資金協力により建築されたメコン「きずな橋」）

上から 100 タカ、500 リエル、1 万キープ、50 ルピーの紙幣

・カンボジアの1000リエル紙幣
（無償資金協力により改修された国道6・7号線）
・ラオス1万キープ紙幣
（無償資金協力により建設されたパクセー橋）
・スリランカの20ルピー紙幣
（円借款による協力で整備・拡張されたコロンボ港）
・スリランカの50ルピー紙幣
（無償資金協力により建築されたマナンピティア橋）
・スリランカの1000ルピー紙幣
（円借款による協力で建設されたランボダ・トンネル）

である（カッコ内は図柄）。図柄に橋が多いのは一見して分かりやすいからだろうか（道路やトンネルは描くのが難しそうだ）、あるいは日本のODAにインフラ整備支援が多いことの反映なのだろうか。そんなことを考えさせるヒントにもなる。

援助する側の日本はどうかと調べたら、そもそも記念紙幣は発行されておらず、切手についてもODAそのものの記念

ジョージア 20 テトリ貨幣入り平成 28 年銘貨

切手はないようだ。あったのは

・青年海外協力隊発足50周年記念切手（２０１５年）

貨幣の発行を請け負う

ちょっと違ったタイプとして

・バングラデシュ2タカ貨幣入り平成26年銘貨幣セット

・ジョージア20テトリ貨幣入り平成28年銘貨幣セット

というものもある。これらに含まれる2タカ貨幣と20テトリ貨幣は、日本の造幣局がバングラデシュ中央銀行やジョージア国立銀行から製造供給を受注したものだという。記念貨幣は他にもあるようだが、一般流通する貨幣としては今のところこの2種類らしい。

これもまた国際協力のひとつのかたちだろう。物をつくるだけでなく(貨幣は物だが)、金融・財政・司法システムの構築のような〝ソフトウェア〟での国際協力もあることを示したい。服部正也『ルワンダ中央銀行総裁日記』（中央公論新社）を思い出す。

独立行政法人造幣局ウェブサイトの「造幣局が製造した外国貨幣」のページはこちら。

https://www.mint.go.jp/coin/data/gaikoku_kahei.html

被援助国であった日本

高校生はもちろん、もう大人でも多くの人が知らないことのひとつは、日本も第二次世界大戦後ながらく国際援助の被援助国だったことである。

アメリカからのガリオア・エロア基金からの資金援助や世界銀行による融資は間違いなく日本の戦後復興を支え、後者によって黒部ダム、東海道新幹線、東名・名神高速道路など巨大なインフラが建設・整備されたのである。しかも世界銀行からの借款の返済が終わったのは戦後半世紀近く経った1990年のことだ（それももう30年以上経っているわけだが）。

これら巨大インフラのいくつかは、国際援助を受けたということは示されていないけれど記念切手になっている（他にもあるかもしれない）。

・愛知用水通水記念（1961年）
・名神高速道路開通記念（1963年）
・東海道新幹線開通記念（1964年）
・首都高速道路開通記念（1964年）
・東名高速道路完成記念（1969年）

いずれも高度経済成長期に発行されている。これらを見せて右のような被援助国・日本の歴史も伝えたい。

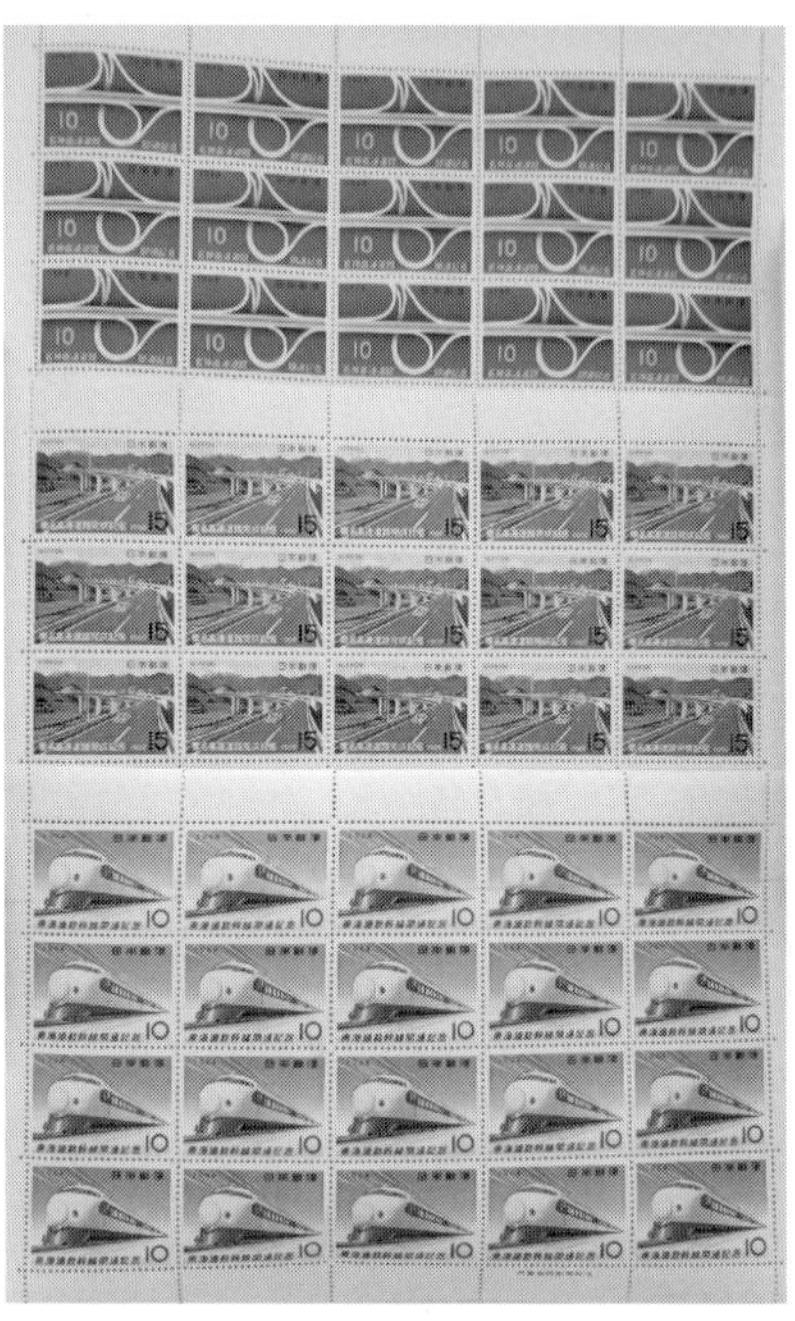

上から名神高速道路開通、東名高速道路完成、東海道新幹線開通記念切手シート

6

経営分析に挑戦してみる

経営分析というとおおげさだが、貸借対照表（BS）と損益計算書（PL）の読み方の入口ぐらい授業で話しておこうかと考えた。

勤務校には、商学部・経営学部に進学する生徒、公認会計士になりたいという生徒がぽつりぽつり存在するし、「将来、起業をして大金持ちになって……」と語る生徒も見かける。そうでなくても、おおかたの卒業生は数年も経てば会社で働くわけだし、就活のときに、会社の良し悪しの判断材料のひとつとしても参考になるんじゃないかと思ったのだ。

実は2021年と2022年の大学入学共通テストに2年続けて銀行の貸借対照表の模式図を使った問題が出題されている。もちろん、貸借対照表について知らなくても文章を読めば解けるようにはなっているけれど、「なんだこりゃ?」と戸惑った受験生もいたことだろう。だから、もしかしたらこの授業は入試に役立ったかもしれない。

といっても、授業で割けるのは2時間ぐらいだから本当に基本的なことだけ。

会社の通知表

同じ業種の2つの会社（社名は消しておく）の貸借対照表と損益計算書を印刷して配布する。2社にするのは、後で経営指標を比較してもらうためである。

――上にＢＳと書いてある方が貸借対照表、ＰＬと書いてある方が損益計算書というものです。これらは、皆さんの身近なものでいえば通知表、あるいは健康診断の結果一覧にあたるものです。健康診断の結果を見れば皆さんが健康かそうでないか分かるように、これらの表には、その会社が儲かっているのか、潰れたりしなさそうかなどを知るヒントになるデータが載っているんです。

ですから、配った資料のＡ社とＢ社のどちらに入社するのがいいか、株主として投資をするならどうか、取引先として安心できるか、そういったことを考えるときのヒントになります。

株主総会資料の冊子も数冊持っていって列ごとに回覧させる。２０２３年3月以降、株主総会資料は基本的にネット上で閲覧するようになり「紙の」資料が必要な場合、あらかじめ請求手続をしなければならなくなったのがちょっと面倒だ。

――いま回しているのは株主総会の前に株主に送られてきていた資料です。株主は、会社が利益をあげているのか、まっとうな経営をしているのか気にかけていますから、株主総会資料には必ずこの表が含まれています。

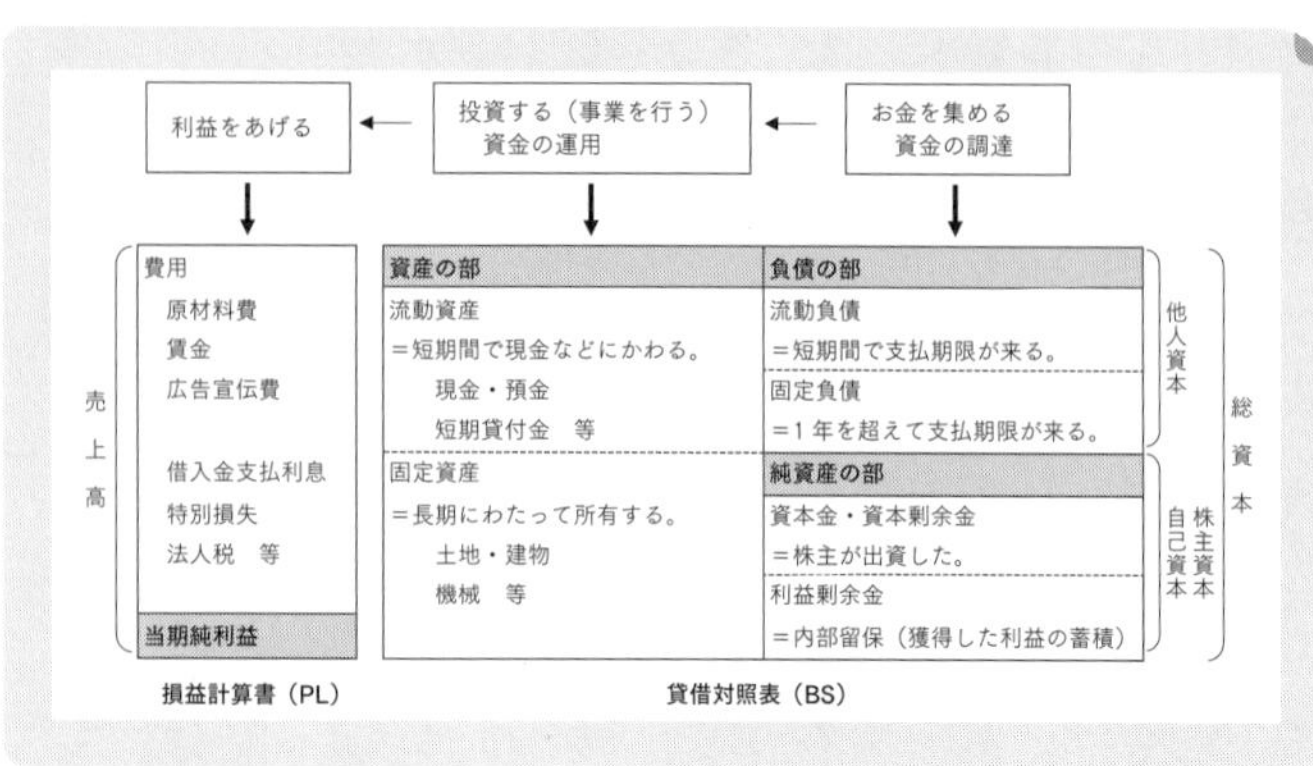

知らない言葉と数字の羅列で「わけ分からん」と思うでしょうけれど、今から、少しだけこの表の見方を説明していきます。

会社のやっていることと貸借対照表・損益計算書

ハンドアウトの図に沿って説明していく。

――会社って何をやっていると思いますか？ いろいろなことをやっているけれど、実は会社がやっていることって煎じ詰めれば3つだけなんです。お金、元手ですね、を集めて、そのお金を投じて何か事業を行う、例えば自動車会社だったら自動車をつくって売る、そしてその結果として利益をあげる、この3つです。

――そのうち、どうやってお金を集めているか、お金を集めることを「資金の調達」と言います、これが貸借対照表の右側、「負債の部」と「純資産」の部の上下に分かれているところに示されています。

——次に、その集めたお金を何に使い、どういうかたちで持っているかを示すのが貸借対照表の左側、「資産の部」です。「資金の運用」と言います。

——最後に、会社がどういうふうに利益をあげているかは、損益計算書を見ると分かります。こんなふうに、会社のやっていることの全体が、貸借対照表と損益計算書の2つの表に凝縮されているんです。だから、この2つを読むだけでも会社の様子がある程度見えてくる。

貸借対照表

貸借対照表については、おおむね次の話をする。

1 貸借対照表はある時点（ふつうは期末）の企業の状況を示すこと（それゆえ必ず「○年○月○日」という記載がある）。

2 各表の上に、単位が示してあるので注意すること。例えば「単位：百万円」とあって、数値が135,791だったら1357億9100万円である（損益計算書も同じ）。

3 貸借対照表のかたち、つまり資産の部、負債の部、純資産の部の3つに分かれること。

4 資産合計と負債純資産合計（右と左の数値の合計、一番下にある）は常に一致すること。

5 負債は「返さなければならない他人の金」、純資産は「返さなくてよい自分（会社、あるいは株主）の金」であること。

6　資産は、現金・預金を一番上に、項目を換金しやすい順に並べること。

7　会社が大きくなったり小さくなったりするときの貸借対照表のかたちの変化（例えば利益が生じて利益剰余金が蓄積されれば純資産の部が大きくなり、同時に資産の部も大きくなることなど）。

8　資本金・資本剰余金、利益剰余金、流動負債、固定負債、流動資産、固定資産の簡単な用語説明。

これより細かい説明はしない。「受取手形って何ですか？」とか「資本金と資本剰余金の違いは？」とか生徒から質問が出ても「自分で調べてごらん」とか「大学で財務諸表論という授業をとって」とか答えて先に進む。時間がないのだ。

ただ「『のれん』って何ですか？」という質問はとてもよく出るので（昔、公認会計士の卒業生から習った通り）「会社のブランドの値打ちのようなものだ」と答える。

損益計算書

損益計算書についても、おおむね次の話をする。

1　一定期間（ふつうは1年間）の企業の経営成績を示すこと（それゆえ必ず「自×年×

月×日　至△年△月△日」という記載がある）。

2　売上高を一番上に記し、種々の費用をマイナスしていき（売上高以外に入るお金はプラスし）、一番下段に最終的な利益（当期純利益）が記されること。

3　売上高、売上原価、減価償却、売上総利益（粗利）、販売費及び一般管理費（販管費）、営業利益、営業外収益、営業外費用、経常利益、特別利益、特別損失、税引前当期純利益、法人税等、当期純利益の簡単な用語説明。

4　当期純利益は株主への配当にあてられたり、利益剰余金として会社の内部に蓄積されること。

――例えば売上高が１５００億円、営業利益が15億円の小売り会社があるとしますよ。会社が利益をあげるのってすごーく大変だと思いませんか。１５００億円売って15億円の利益。１００円の商品を1個売って1円の利益っていうことですよね。そうしたら、その会社の社員が月給を千円上げてほしいと考えたら、年1万2千円分利益を増やさなければならないから、社長としては「じゃ、あと１２０万円分、売ってこい！」とその社員に言いたいでしょう。

コロナ禍以前、勤務校では、文化祭で3年生が模擬店を出店することが多かったので、例えば鉄板焼きであれば、小麦粉やショウガや割り箸の代金は売上原価にあたり、店の装飾にかかった費用は販管費であるというように説明すると分かってもらいやすかった。

損益計算書・貸借対照表から経営分析へ

損益計算書と貸借対照表のひととおりの説明が済んだら、そこに示されたデータをもとに次のような経営指標がつくれること、それぞれの経営指標が会社のどういう側面のモノサシになるのかを話す。

1　収益性に関わる指標として
総資本利益率、売上高純利益率、総資本回転率、株主資本利益率（ＲＯＥ）

2　安定性に関わる指標として
流動比率、株主資本比率、固定比率

3　成長性に関わる指標として
売上高成長率、経常利益成長率

例えば、総資本回転率であればこんな感じに説明する。

——総資本回転率というのは、簡単に言えば会社の商売のスピードを示します。例えば、１００万円の元手で商品を仕入れて、それを1.1倍の値段で売るという簡単なモデルで考えます。１月１日に１００万円をすべて商品に替えて12月31日まで１年かけてそれを売って１１０万円の売上げになったとする。そうすると１年間の利益は10万円。総資本回転率は売上高÷総資本ですから１１０万÷１００万＝1.1。

でも、もっと儲ける方法がありますよね。半年で100万円の商品を売り切って、10万円どけておいて、また100万円分商品を仕入れて残り半年で売る。そうすれば1年間の利益は20万円。総資本回転率は2.2になります。当たり前と言えば当たり前。ビジネスはスピードが大事なんです。実際には、在庫が多い、つまり1月につくった商品が6月まで会社の倉庫で眠っていたりするとスピードが落ちるわけです。そうすると総資本回転率も低くなる。

最後に、これらの経営指標を総合的かつ直感的に分かるようにしたグラフとして「レーダーチャート」と「チャーノフの顔グラフ」を紹介する。

レーダーチャート（蜘蛛の巣グラフ）は、生徒もスポーツ・テストの結果表などでおなじみである。

——レーダーチャートは「この会社は収益性では優れているけれど、安定性がいまひとつ」とか「バランスが取れた会社だ」とかいうように全体の特徴をつかむにはいいですね。ただ、このグラフでは微妙な差異が分かりにくいんです。そこでこういうグラフがあります。

と言って、適当なデータを使ってチャーノフの顔グラフを並べて見せると生徒は笑う。

——このグラフを思いついたのはチャーノフという学者です。冗談でつくったんじゃないですよ。このグラフは、人間が生得的に、つまり生まれつきに持っている、人の顔に対する敏感さを利用しているのだそうです。ヒトは、他人の表情がちょっと違っても気づく。皆さんだって、私が教室に入ってきた瞬間に「今日の熊田はご機嫌だな」とか読み取れるでしょう。そういうヒトの特性をこのグラフは利用したわけです。

経営分析に挑戦してみる

こういう知識は実際に使ってみないと意味がないので「経営分析に挑戦してみる」というハンドアウトを配布した。半分は左の通り、もう半分は記入用紙である。

1 自分の知っている企業（製造業（メーカー）を推奨）と、そのライバル会社と目される1〜2社の、計2〜3社を決める。

2 1で選んだ会社について

(1) 会社名で検索する。

(2) 会社のウェブサイトに入る（ウェブサイトがない場合、他の会社を探す）。

(3) 「投資家情報」「IR（Investor Relations）情報」のページに入る（該当ページがない場合、他の会社を探す）。

(4) 最新の有価証券報告書を探して、開く（アップされていない場合、他の会社を探す）。

★有価証券報告書は「第□期第■四半期報告書」ではなく「第□期有価証券報告書」とあるもの。

(5) 損益計算書・貸借対照表のページを見つける。

★（単独）財務諸表と連結財務諸表がある場合、前者（単独決算のもの）を推奨する。

(6) 選んだ会社の損益計算書・貸借対照表が見つかったら、下記の項目を記録し、計算が必要なものは計算する。

ア　当期売上高　　イ　前期売上高

ウ　当期経常利益（または当期営業利益）

エ　前期経常利益（または当期営業利益）　　オ　当期純利益

カ　資産合計（総資本）　　キ　株主資本

ク　流動資産　　ケ　流動負債

コ　総資本経常利益率　　サ　売上高経常利益率

シ　総資本回転率　　ス　流動比率

セ　株主資本比率　　ソ　売上高伸び率

3　右ページの一覧にまとめる（データがない場合は空欄とする）。

★単位（百万、十億、％等）を忘れないこと。

4　選んだ2社または3社を、会社の規模（総資本、売上高等）、収益性・安定性・成長性などの観点から比較考察する。
5　演習を終えての振り返りを行う。

──まずは、自分の関心のある会社を選んでください。皆さんが知っている名前と会社名が違うこともありますよね。例えば東京ディズニーランドを調べたいとしても、その名前じゃわからないですよね。ＴＤＬを経営しているのは？

「オリエンタルランド」

──よく知っていますね。じゃあ、ユニクロを調べたいと思ったら？

「ファーストリテイリング」

──そうそう。吉野家の経営を知りたいのであれば、吉野家ではなく吉野家ホールディングスという方のウェブサイトを調べなければならなかったり。ハンドアウトに「製造業（メーカー）を推奨」とあるのは、メーカーの貸借対照表や損益計算書が、授業で学んだものに一番近そうだからです。例えば、銀行の損益計算書だと、授業で学んだ「売上高」とかの項目を使わなかったりするから混乱するかもしれない。でも、なんとかなりそうならメーカーじゃなくてもいいです。

──連結決算というのは子会社も含むグループ全体での決算と考えてください。単独での決算でも連結決算でも、要は、A社の連結財務諸表とB社の（単独）財務諸表というように、異なるレベルでの比較をしなければ、どちらで比べてもいいことにします。

それから、時期によってウェブサイトの一番目につくところに「第○期第△四半期報告書」というような書類が置かれていることがあります。でも、1年分のデータを見てほしいので一番新しい「有価証券報告書」を探してみてください。

生徒の振り返りより

何人かの生徒の振り返りを紹介しよう（会社名は伏せてある）。

> 今回は、大手薬品会社のA社とB社の経営分析をしてみました。有価証券報告書は200ページを超えるほどの膨大な量があり、どこにどの情報が載っているのか探すのがとても大変でした。これだけ多くの情報が飛び交う中で経済が動き、企業が製品を作り、安定した状態で私たちのもとに届いていると思うと感心しました。この経営分析をすると各会社の特色がよく分かるので、株を買う人や企業に投資をする立場になったら、また面白いと思いました。

高校生にとっては、企業のウェブサイトからＩＲ情報のページを探すのにまず苦労し、そこから有価証券報告書にたどり着くのにまた苦労し、さらに有価証券報告書から貸借対照表や損益計算書を見つけるのに苦労するようだ。でも、そういうこともやってみなければ分からないことである。いい勉強だと思う。

> 業種によってＢＳシート（ママ）やＰＬシート（ママ）の値が全く変わってしまうことに驚いた。また、額ではなく率を計算することによって、その会社の伸び率や成長率を一目でわかることに驚いた。株を買う時には闇雲に有名な会社や総資産の大きい会社を選ぶのではなく、今後の期待も込めて成長率を確認してから購入したいと思った。

統計数字の読み方の基本に、ナマの数値と比率を混同しないことがあるが、そのことに気づいたわけだ。

> 現在のＸ社は○○を発売したころの活気を取り戻したように感じていたが、研究すると安定性や収益性が高い企業となっていた。Ｙ社の企業の大きさには驚いたが、流動比率が１００％を超えなかったのが意外であった。安定や信頼はＸ社やＺ社に劣っており、大規模が必ず大きな安定や信頼を持っているわけではないのだと感じた。私が投資をするならＸ社と同程度の収益性と安定性や優れた成長性を兼ね備え

ているZ社に投資するだろう。X社は成長性がマイナスであるためこれからの収益も減少していくと推測できるからであるが、新しい機器を発売すると発表すれば長期的には成長性はプラスに改善すると考えられるので悩ましいものだ。実際は複数の企業でリスク分散すると思うが。

ゲーム会社3社を丁寧に比較した生徒のもの。

この演習レポートを眺めると、高校生がどういう会社や業種を知っているのか、関心を持っているのかがうかがえて面白い。高校生が知っている会社は大企業が圧倒的で中小企業は知らないし、BtoCの会社は知っていてもBtoBの会社はほぼ知らないなと思う。

ある年度に、アパレル会社3社を調べた生徒がいて、たぶん「会社名だけでは熊田には分からないだろう」と思ったのだろう、欄外にそれぞれの会社の代表的ブランド名も書いてくれていた（そちらは私でも知っているものがあった）。ファッションが好きなんだな。

教材づくりの日々 5

教材を身に着ける

Tシャツはアピールする

一橋大学社会学部加藤圭木ゼミナール『「日韓」のモヤモヤと大学生のわたし』（大月書店）でマリーモンドという店／ブランドを知った。日本軍「慰安婦」だった女性を支援することを宣言しているブランドである。NHK紅白歌合戦にも出場している韓国のアイドル・グループTWICEのメンバーがこのブランドのTシャツを着ていたということで右寄りの人たちが非難したことがある。TWICEを非難するなんてもってのほかだ（怒）。

Tシャツ1枚を購入。このブランドでは、9人の元慰安婦の女性それぞれを象徴する花が決まっていて、私の購入したTシャツには、自ら慰安婦であったことを最初に証言した金学順（キム＝ハクスン）を象徴するムクゲの花（韓国の国花）と、彼女の語った言葉の一節が印刷されている。

一人一票実現国民会議アピールTシャツもある。一人一票国民会議は2009年に発足した「一票の格差」の改善を求める団体で、こちらは伊藤真から櫻井よしこまで発起人に入っているという超党派ぶりが驚き。

2020年サッカー・ワールドカップでは、開催国カタールの、外国人労働者や女性や性的少数者への人権侵害や差別が批判の的となり、さらにそれに抗議するために「#OneLove」のロゴとレインボーカラーの腕章（diversity と inclusion を意味する）をヨーロッパのいくつかのチーム・キャプテンが着けようとしたのを国際サッカー連盟（FIFA）が事実上禁じたことが話題になった。話題の腕章は販売されていなかったがほぼ同じデザインのTシャツをゲットする。

２００８年北京五輪に向けて製造されたアンチ五輪Tシャツは、五輪の輪を手錠で描くことで中国の人権状況を痛烈に批判したもの。この時期、新疆ウイグル自治区で反政府運動が激しかった。これと１９９９年発行の「中華人民共和国成立五十周年　１９４９—１９９９　民族大団結」切手（中国の56民族それぞれの男女が民族衣装を着ている図柄の56枚の切手シート）と並べて「ウイグルやチベットなどの少数民族は中国で公式にはどういう地位にあるのか、実態として

アンチ北京五輪Ｔシャツ

上：一人一票実現国民会議Ｔシャツ
左：#OneLove Ｔシャツ

はどうか」を問う。中国といえば、政府によって投獄されたり、自宅に長期間軟禁されたりして、2012年にアメリカに出国した盲目の人権活動家・陳光誠がアムネスティ・インターナショナルの招待で来日したときに講演会場で購入した記念Tシャツもある。

権力への抵抗ということでは、軍主導の政府への反対運動を支援するために、2007年にいとうせいこうが企画したビルマ軍事政権抗議Tシャツもある。ビルマはミャンマーの旧国名。2021年に再び起こった軍事クーデター後に、戒厳令下で録音・発売したという現地のパンクバンドTHE REBEL RIOTのアルバム「One Day」（日本盤）を聞かせながら見せるか。

小泉純一郎首相が大人気だった頃、彼の顔をプリントしたTシャツを購入したのだが、こういうものはタイミングを逃すと使えないのが残念だ。戦後日本政治史をやるんだったら、国会の土産物として売っている「歴代総理タオル」「歴代総理手ぬぐい」の方が使えそう。

Tシャツ類は、自分で着て「はいこちらを見て。どう？　このTシャツ」と始めたいところだが、みっともなく出てきた腹を見てもらうのも恥ずかしいので掲げて見せる。

ネクタイや帽子も

NGOについて話すときにしめるのがアムネスティ・インターナショナルのネクタイ。アムネスティのシンボルマーク（有刺鉄線と火の灯った蝋燭）がプリントされている。

日本の領土問題を話すときには竹島ループタイを。ループタイの飾りが隠岐産の黒曜石でできており、表面に島の形の貝が象嵌され、「竹島 島根県隠岐」と書かれている。島根県のアンテナショップで買ったのではないかな。韓国に実効支配されている竹島（韓国名・トクト）に一度行って、そこで売られているグッズも買いたいのだが機会がない。渡航自粛勧告が出てるしなあ。

北方領土のイメージキャラクター「エリカちゃん」の缶バッチもあるけれど、これは身に着けるというよりは回覧する用だ。

南北問題や政府開発援助の話をするときには導入でフェアトレードショップで買った帽子をかぶる。コロナ禍前はチョコレートやドライフルーツを一切れずつ食べてもらったりもした。帽子や箱や袋にある国際フェアトレードラベル機構（ＦＬＯ）や世界フェアトレード機関（ＷＦＴＯ）のマークに注目させるところから授業を展開していく。

文化の違いは衣食住によく現れる。ムスリムの女性がかぶるヒジャブやブルカや、男性が礼拝のときにかぶる帽子も持っているけれど、非ムスリムの男性の私がかぶってみせる

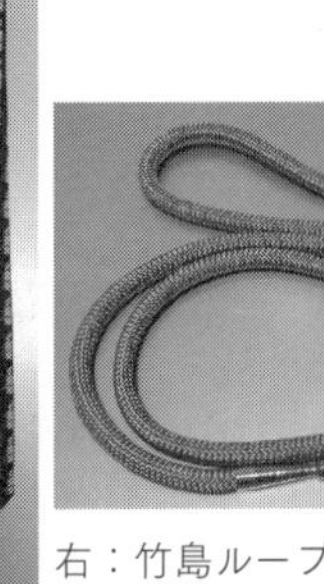

右：竹島ループタイ
左：アムネスティ・ネクタイ

のは問題があるように思うので、これらは見せるだけにしている。

少数民族としてのアイヌの話をする際には、アイヌ語などアイヌの文化についても触れたい。アイヌ刺繍の入った鉢巻きを着けてみせる。樹皮の繊維からつくったアットゥシ織りの着物を着て見せたいものだが、本物は高価で手が出ないよ。

ユニバーサル・デザインとか障害者福祉に関わる授業で見せるのは、トミー・ヒルフィガーという若者向けブランドの半袖シャツとTシャツ。私の買った半袖シャツは前身頃のボタンがすべてフェイクでマグネットで合わせるようになっており、Tシャツも肩がマグネットで開閉できるようになっている。いずれも脱ぎ着しやすいわけだ。こういう、いわば「障害者向け」の服は以前からあったのだろうけれど、有名なブランドがシリーズ化するのは珍しいのではないか。

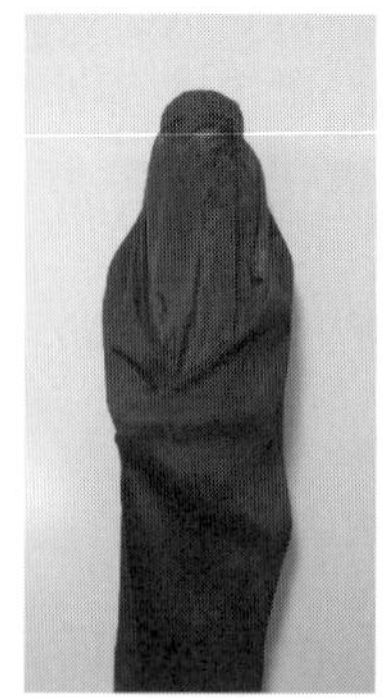

右：アイヌ刺繍の鉢巻き
中：フェアトレードの帽子（をかぶった連れ合い）
左：一度だけブルカも着てもらった

7

マッチング

最近、受験勉強のやる気が出ない…
それなら…
大学でやりたいコト思い浮かべてみたら?
モテたい!!!
ゴゴゴゴッ
バイトしたい!!!
バンド組みたい!!!
それなら、この講義をうければ、
君の夢はすべてかなう
スッ
きっぱり
先生!!!
わかりました!!!
おねがいします!!!
単純…

なにか新しいことを知ると「ねえねえこれ聞いて。これ知ってる?」と人に伝えたくなる。ゲーム理論、行動経済学、線形計画問題など、いまのところ「政経」教科書にない題材を授業で扱ってきたのも、私が強く興味を引かれたのがきっかけである。生徒に最先端の、かつ多様な経済学やその周辺分野に触れさせたいという「教育的配慮」や、教育実験校の教員としての「教育内容・教材の開拓」という側面があるにせよ、「教えたがり」の性癖のなせる業と言った方が正しかろう。

今回も坂井豊貴『マーケットデザイン—最先端の実用的な経済学』(筑摩書房)があまりに面白すぎて「これをぜひ授業に」と思って教材をつくった。

研究室決め、就活、合コンの三題噺

左のスライドを見せながら話す。

——皆さんは今、どこの大学を受けようかとか、学部をどうしようかとか考えている最中だと思います。それでめでたく大学に入ったとして、大学3年生ぐらいになると、理系だと研究室を決めることが多いでしょう。ある先生について、より分かれた専門分野を学ぶわけです。文系でも大学によってはゼミナールといって、1人の先生に対して数人とか十数人の学生がついて、その先生に卒論の指導を受けたりする。

それから、最近は就活も大変ですね。これも大学3年生くらいから始まる。

もちろん楽しいこともあります。合コンって知っていますか（うなずく生徒多数）。説明しなくても大丈夫ですね（生徒笑う）。

——さて、この3つに共通することはなんだと思いますか？

> 大学生になったら……
> ・研究室（理系）／ゼミナール（文系）決め
> ・就活
> ・合コン
>
> この3つに共通することはなにか？

「コミュニケーション能力が必要」「アピールが大事」
——しくみというか、構造というか、そういうことではどうですか？
とヒントを出す。「選択をする……」というような発言を引き取って
——そうそう選択。それも自分が選択するだけじゃない。

と次のスライドを見せながら説明する（**図1**）。

――例えば、3人のグループ同士の合コン。この人（Aを指す）はこの人（Y）と付き合いたい。でもCもYを好きだったりする（生徒「わー」と言う）。でもYは実はBが好きだったりして（わー）、しかもBはZが好きとか、錯綜してくる。それでZは「私、実は彼氏います」とか（生徒笑う）。「なんで合コンに出てくるんだよ」という感じですよね。Xは途方にくれている……。

――これって、研究室決めとか就活でも同じだって分かりますよね。こんなときに、どうやったらうまくペアが作れるか。今日はそういうことを学びます。マッチングと言います。

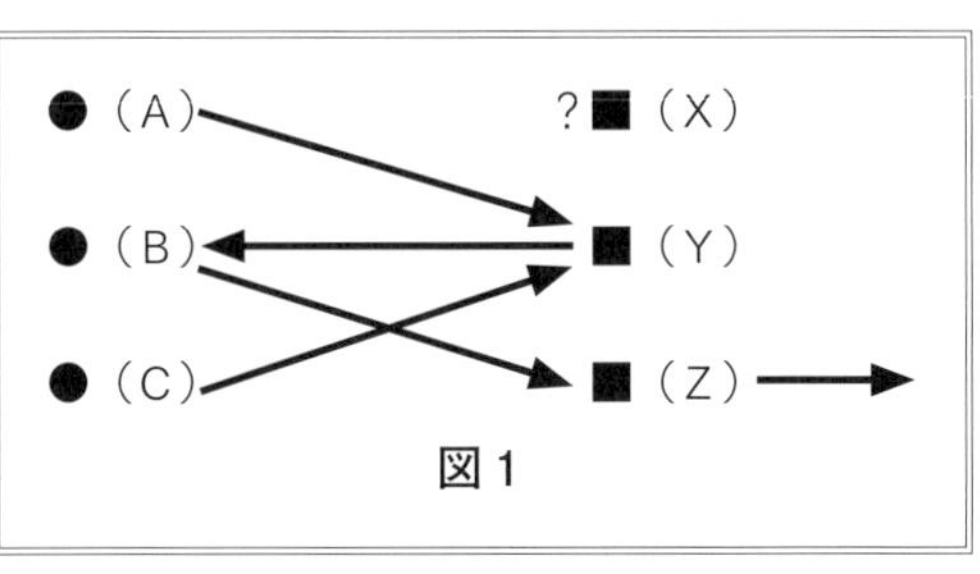

図1

高校生のバンドのパート決めと大学生の就活

「高校生のバンドのパート決めと大学生の就活」と題したハンドアウト（1枚目）を配り、事例1、事例2を読んでもらう。

――就活はともかく、合コンの例を印刷するのはいかがなものかと思ったので、バンドのパート決めの例をもってきました。

1　4人の大学生A・B・C・Dが就活をしている。就職先の会社はW・X・Y・Zの4社である。
2　大学生は、それら4社について選好順（就職したい順）が決まっている。
3　会社も、大学生4人について、大学の成績や事前のOB・OG訪問の様子などから選好順（採用したい順）が決まっている。（下表参照）
大学生と会社の組み合わせとして望ましいものはどのようなもので、どうすれば決まるだろうか。

選好順（会社→大学生）

選好順	1	2	3	4
W社	C	B	A	D
X社	A	D	C	B
Y社	D	B	C	A
Z社	B	D	C	A

選好順（大学生→会社）

選好順	1	2	3	4
Aさん	W	Z	Y	X
Bさん	X	W	Z	Y
Cさん	X	Z	W	Y
Dさん	Z	X	Y	W

事例 2

1　4人の高校生P・Q・R・Sが文化祭にバンドで出場する。役割は、ボーカル（V）・ギター（G）・ベース（B）・ドラムス（D）の4つである。

2　高校生は、やりたい楽器（とボーカル）の選好順が決まっている。

3　それぞれの楽器（とボーカル）は、希望する人が複数いる場合、できれば上手な人にやってもらいたいと全員が考えている。メンバーの楽器（とボーカル）ごとの上手下手は全員分かっている。これを、いわば楽器が人を「選んで」いると考えてみてもよい。（下表参照）

高校生とパートの組み合わせとして望ましいものはどのようなもので、どうすれば決まるだろうか。

選好（？）順
（楽器／ボーカル→高校生）

選好（？）順	1	2	3	4
V ボーカル	Q	R	S	P
G ギター	R	S	P	Q
B ベース	S	P	Q	R
D ドラムス	S	R	Q	P

選好順
（高校生→楽器／ボーカル）

選好順	1	2	3	4
Pさん	V	G	B	D
Qさん	G	B	V	D
Rさん	B	V	G	D
Sさん	V	G	B	D

――事例1も事例2も、同じタイプの問題だということは分かりますか？「4人の大学生と4つの会社」とか、「4人の高校生と4つのパート」とかがあって、1対1の組み合わせを決める。

こういうときどうしたらいいか。さしあたり事例1について、どうやって決めたらいいでしょう。今まで授業でやったものだと、線形計画法は使えるかもしれませんね。でも、それは後回しにします。

ありがちな決め方でやってみる

――普通、こういう場合、ハンドアウトの「ありがちな決め方」を使うことが多そうじゃないですか（この方式をボストン方式と呼ぶらしい）。

ありがちな決め方（事例1の場合を例に）
①それぞれの大学生が第1希望の会社に希望を出す。
②会社が選好順に基づき採用する。
③落ちた大学生は、採用枠の残っている会社のなかから、選好順で上位の会社に希望を出す。

④会社が選好順に基づき採用する。
⑤以下、繰り返す。

——他のクラスの『授業ノート』に、小学校の学芸会の劇の役決めのことを書いてくれた人がいました。劇でお姫様役とか王子様役とか、木の役とか雲の役とか（生徒笑う）あるじゃない。皆がそれぞれ希望の役に立候補して、そのなかで誰がやるか決める。そして落ちた人は残った役に回る。これも同じ決め方ですよね。
このやり方でどうなるかやってみましょう。

【この決め方でやってみる】

事例1

選好順（大学生→会社）

選好順	1	2	3	4
Aさん	W	Z	Y	X
Bさん	X	W	Z	Y
Cさん	X	Z	W	Y
Dさん	Z	X	Y	W

選好順（会社→大学生）

選好順	1	2	3	4
W社	C	B	A	D
X社	A	D	C	B
Y社	D	B	C	A
Z社	B	D	C	A

ハンドアウトと同じ表をスライドで黒板に映し出し、それに書き加えながら説明していく。

――大学生の第1希望をみると、AはW社、DはZ社で、この2社については競合する人がいないので、これで決まりですよね。会社としても他に希望者がいないから、この2人を採らざるを得ない。ということで、Aの行のW、Dの行のZのセルを◯で囲んでください。それと対応して、下表のW社のA、Z社のDも◯で囲む。

――さて、BとCは、両方ともX社を希望しています。そこで下表のX社の行をみると、BよりCの順位が高いことが分かる。だからX社はCを採用する。そこを◯で囲んでください。そして上表のCの行のX社のセルも◯。Bの行のX社のセルは、落ちてしまったので斜線で消してください。

――Bは別の会社に行くことになりますけれど、この段階で、W社もZ社も定員枠が埋まっていますよね。斜線で消します。そこには割り込めない。ですから、Bは第4希望のY社に行かざるを得ない。そこでBの行のY社のセルが◯。下表もY社の行のBのセルが◯。これで4人とも就職が決まった。

――事例2、それから事例3もやってみてください。

結果は左のよう決まる。

【同様にやってみる】

事例2

選好順
（高校生→楽器／ボーカル）

選好順	1	2	3	4
Pさん	V	G	B	D
Qさん	G	B	V	D
Rさん	B	V	G	D
Sさん	V	G	B	D

選好（？）順
（楽器／ボーカル→高校生）

選好（？）順	1	2	3	4
V ボーカル	Q	R	S	P
G ギター	R	S	P	Q
B ベース	S	P	Q	R
D ドラムス	S	R	Q	P

事例3

次の場合（大学生が全員同じ選好順をもち、会社の選好順（学生の評価）も全社同じである）はどうなるか。

選好順（大学生→会社）

選好順	1	2	3	4
Aさん	W	X	Y	Z
Bさん	W	X	Y	Z
Cさん	W	X	Y	Z
Dさん	W	X	Y	Z

選好順（会社→大学生）

選好順	1	2	3	4
W社	A	B	C	D
X社	A	B	C	D
Y社	A	B	C	D
Z社	A	B	C	D

――事例2は、なんだかひどいバンドですね。なんで自分が苦手な楽器ばかりやりたがるのか（生徒笑う）。アマチュアだから下手の横好きでいいけどさ。

――事例3だと、会社の評価の高い学生ほど人気のある会社に就職できているから、公平というか、能力相応という感じがしますよね。

けれど問題がある

――でもね、いま考えてもらった事例1や事例2の組み合わせには問題があるのです。それは何だと思いますか。皆さんに先ほど考えてもらった組み合わせを記してあります。これを見ながら考えてください。

この決め方の問題点
もう1度、事例1の結果を見てみる

事例1

選好順（大学生→会社）

選好順	1	2	3	4
Aさん	(W)	Z	Y	X
Bさん	X	W	Z	(Y)
Cさん	(X)	Z	W	Y
Dさん	(Z)	X	Y	W

選好順（会社→大学生）

選好順	1	2	3	4
W社	C	B	(A)	D
X社	A	D	(C)	B
Y社	D	(B)	C	A
Z社	B	(D)	C	A

【困った点1】
BさんとW社に注目したとき、どういうことが分かるか。

――ヒントは、BとW社です。気づいたことをメモ書きしてください。誰かどうですか？

「Bさんは決まったY社よりW社に就職したいし、W社も決まったAさんよりBさんを採りたい」

――そうなんですよー。そうすると、W社がBに「Aさんのかわりにあなたを採用するからウチに来いよ」と誘って、Bがそれに乗ってY社を蹴る可能性がありますね。

――実は、BとZ社についても同じことが言えます。

――大学生と会社なら、協定を結んで「抜け駆けは不可」とできるかもしれないけれど（「ブロック」という言葉はちょっと分かりにくいかと思ったので「抜け駆け」とした）、合コンだったら、もっといい相手がいて、相手もそう考えていたら「駆け落ち」してしまうよね。

――そういうペアがあると、全体の組み合わせが崩れてしまうでしょう。つまり、さっき決めた組み合わせは、安定しないと考えられるわけです。

ちなみにこれは、BさんとZ社についても言える。
つまり、この組み合わせは 安定 しない。

――関連してもう1つ問題があります。

【困った点2】
関連して、Bさんは、次のように考えるかもしれない。

——Bは、第1希望をX社とした結果、Cに負けて第4希望の会社に入社することになってしまったんですよね。もしBが、他の学生の希望とか、会社による学生の評価を推測できたとしたらどうしますか？　〇〇さんどう？

「第1希望にW社を書く」

——そうすると、どうなるわけ？

「Aさんと競合しても勝てるから、本当は第2希望のW社に入れる」

——そうですよね。正直に第1希望から順に書いて損した！　と思うんじゃないでしょうか。小学校の劇の役決めの話を書いてくれた人も、その時、本当にやりたい役はあったけれど競争率が高そうだったので他の役を希望したというようなことを書いていました。

——前に多数決の授業で話したかもしれませんけれど、自分の選好を偽ることで、自分にとってよりマシな結果を得ようとすることを「戦略的」という言葉で表現します。例えば、選挙に3人が立候補者していて、Aが推し、Bは普通、Cは絶対にイヤだとします。いまBとCが接戦でAは圏外だとしたら、Aに投票したい気持ちを抑えてBに投票することが考えられる。こういうのを戦略的投票と言ったでしょう。その「戦略的」です。

つまり、自分の選好通りに希望を出さないこと（戦略的操作）が行われる可能性がある。

——○○さんはいい人なので自分の希望を変えるぐらいだけど、私は邪悪なのでこんなことも考えますね。

私がBだとして、例えば「AがX社狙いだ」という噂をCに伝わるように流す。そうすると、Cがもし自分よりAの方がX社に好まれると分かっていたら、第1希望をX社にしないかもしれませんよね。そうしたら、BはまんまとX社に入れる。

戦略的操作ができると、誰がどこに希望するのかとか、会社の評価はどうなのかとか、デマも含めて情報が乱れ飛んだり、疑心暗鬼になったり、駆け引きが行われたりしそうです。

——それでは、事例2と事例3について、結果が安定しているか確認してみてください。

事例2では、PとG、PとBの「抜け駆け」があり得るので、安定しない組み合わせである。一方、事例3は「抜け駆け」可能なペアがない。

どうすればよいか

——それでは、安定した組み合わせをつくるにはどうしたらいいでしょうか。

時間があれば、ここでも生徒になんらかの案（アルゴリズム）を考えてもらいたいところだが、時間切れで先に進んだ。

——いまから安定した組み合わせが必ず実現できる決め方を紹介します。受入れ保留アルゴリズムと言います。アルゴリズムというのは、考え方の手順、段取りのことです。考え方自体は、「なんだそんなことか」と思うかもしれないほど易しいです。

ハンドアウト（2枚目）を配布して、受入れ保留アルゴリズムを説明する。

受入れ保留アルゴリズム

①学生が第1希望の会社に希望を出す。
②会社が選好順に基づき仮に採用する。
③落ちた大学生は、次の選好順の会社に希望を出す。
④会社は、新たな大学生の方が選好順が高い場合、仮に採用した大学生を不合格にして、新たな大学生を仮に採用する。
⑤以下、繰り返し、すべての大学生がどこかの会社に落ち着いたら終了。

――さっきと違うのは、いったん決まりかけても、他の会社に落ちて、別の会社に新たに回ってきた学生がいた場合、またそこで選び直すという点ですね。後出しオーケーというか、先に決まっていても確定しない。全員が落ち着くまでは皆「仮」の地位ということです。

――それでは、この決め方を事例1で試してみましょう。

【この決め方でやってみる】

事例1

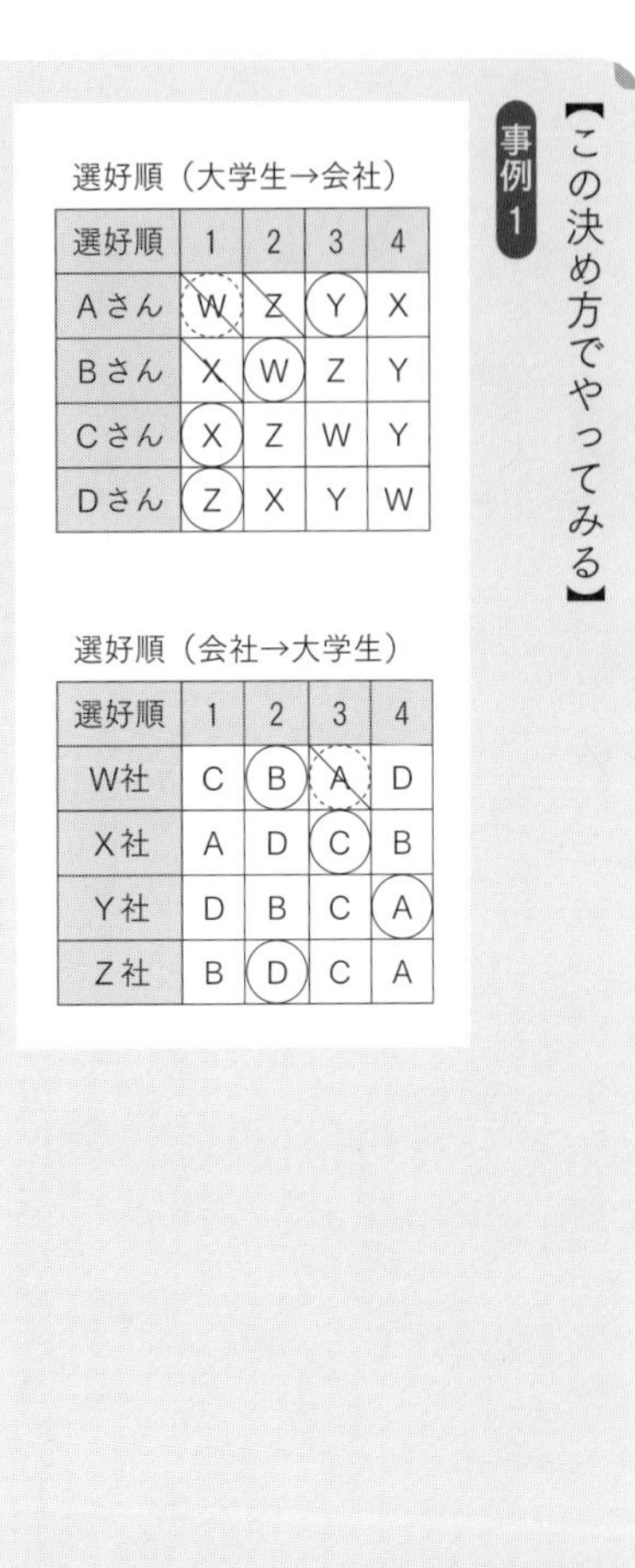

選好順（大学生→会社）

選好順	1	2	3	4
Aさん	W	Z	Y	X
Bさん	X	W	Z	Y
Cさん	X	Z	W	Y
Dさん	Z	X	Y	W

選好順（会社→大学生）

選好順	1	2	3	4
W社	C	B	A	D
X社	A	D	C	B
Y社	D	B	C	A
Z社	B	D	C	A

再び、黒板にスライドで映し出した表でやってみせながら説明する。

——最初はさっきと同じで、BとCが競合してCがXに決まる。それで、Bはどうするかというと、今回は第2希望のWにエントリーするわけです。そうすると仮に決まっていたAとBが争うことになる。それで、Wを見ると、AよりBが好まれるので、仮に決まっていたAが落ちて、代わりにBに決まる。

そうすると、玉つきで行き場を失ったAが、第2希望のZにエントリーする。でも、Zに仮決定しているDとAを比べるとZの選好順位はDの方が高いからAは入れない。

それでAが第3希望のYにエントリーすると、Yは空いているのでAを受け入れる。これで終了です。

——この組み合わせで、抜け駆けしたくなる大学生がないことは、今までの手順からも想像がつくと思います。気になる人は確認してください。

——念のため、会社側から考えても、この組み合わせで採用する予定の学生よりいい学生は採れないことを確認してください。

例えば、W社は、できればBでなくCを採用したいけれど、上表を見るとCは第1希望のX社に決まっているからW社に誘われても動かないですよね。X社は、本当はCよりAやDを採りたいけれど、AもDも、いま決まっている会社の方がX社より選好順位が高いですから動かない。同様にY社とZ社についても確認してください。

——この組み合わせは、「抜け駆け」をゆるさない、安定した組み合わせだということが分かると思います。

この状態からは、どの大学生も、より高い選好順の会社には採用してもらえないので、この状態が最終的な組み合わせとなる。

【確認】

W社〜Z社から見ても、自社が採用できなかった、より選好順の高い大学生に声を掛けたとして「乗り換えて」もらえないことを確認しなさい。
つまり、この状態は安定している。

――練習です。事例2、事例3に受入れ保留アルゴリズムを適用してみてください。
結果は左の通り。

【同様にやってみる】

事例2

選好順
（高校生→楽器／ボーカル）

選好順	1	2	3	4
Pさん	V	G	B	D
Qさん	G	B	V	D
Rさん	B	V	G	D
Sさん	V	G	B	D

選好（？）順
（楽器／ボーカル→高校生）

選好（？）順	1	2	3	4
V ボーカル	Q	R	S	P
G ギター	R	S	P	Q
B ベース	S	P	Q	R
D ドラムス	S	R	Q	P

事例3

選好順（大学生→会社）

選好順	1	2	3	4
Aさん	(W)	X	Y	Z
Bさん	W	(X)	Y	Z
Cさん	W	X	(Y)	Z
Dさん	W	X	Y	(Z)

選好順（会社→大学生）

選好順	1	2	3	4
W社	(A)	B	C	D
X社	A	(B)	C	D
Y社	A	B	(C)	D
Z社	A	B	C	(D)

――事例2はややこしかったですね。逆転また逆転という感じ。

――受入れ保留アルゴリズムで、「抜け駆け」ができない組み合わせが作れるし、この方法だと、大学生は自分の選好を偽ってもまったく意味がないので、正直に希望を出せばいいことになります。

どちらが申し込むか

――事例1の今までのやり方では、あくまで大学生が会社に就職したいと希望を出すところから考えたじゃないですか。いわば、大学生が先攻で、会社が後攻ですね。これをいま、会社が「うちの会社に来ない？」と、目星をつけた学生に声をかけるところから始めたとしたらどうでしょう。中途採用のヘッドハンティングみたいに。

「申込」の先後と安定

最初の事例で、会社から先に、大学生へ「あなたを採用したい」と声を掛けるとしたらどうなるか。

事例1

選好順（大学生→会社）

選好順	1	2	3	4
Aさん	W	Z	Y	(X)
Bさん	X	W	(Z)	Y
Cさん	X	Z	(W)	Y
Dさん	Z	X	(Y)	W

選好順（会社→大学生）

選好順	1	2	3	4
W社	(C)	B	A	D
X社	(A)	D	C	B
Y社	(D)	B	C	A
Z社	(B)	D	C	A

――今回は、一瞬で終わりました。この組み合わせでは、4社とも第1希望の学生が採用できているから、大学生は不本意かもしれないけれど動かしようがないですよね。つまり、この状態も安定している。こういうふうに安定している組み合わせを、安定マッチングと呼びます。

いまできた組み合わせと、先ほど大学生が先攻でできた組み合わせは違いますよね。違うけれど、どちらも安定マッチングなのです。つまり、安定マッチングは複数ある場合もあるということです。数学で解が2つあったりするのと同じ。

つまり、この状態も安定している。
このような組み合わせを安定マッチングと呼ぶ。
安定マッチングは複数ある場合がある。

安定マッチングの存在証明

――みなさんのなかに、安定マッチングは常に存在するのか？　と思った人がいるでしょう。数学的に言えば、常に解があるのかということ。

これについては、どのようなマッチングについても、安定マッチングが少なくとも1つは存在することが証明されているそうです。気になる人はぜひ、ハンドアウトにある論文を読んでみてください。

これ、れっきとした経済学の論文なんですけれど「大学入学と結婚の安定性」という人を喰ったタイトルなんですよね。ここに持ってきましたが（コピーを見せる）、数式は出てこないし、たった7ページですから、関心がある人はチャレンジしてみたらどうでしょうか。


【おまけ】

受入れ保留アルゴリズムの手順で、安定した組み合わせが見つからないことはないのか？

↓ 安定マッチングは、少なくとも1つは存在することが証明されている。

気になる人は「College Admissions and the Stability of Marriage」という論文をどうぞ。

まとめ

マッチング理論
・経済学の新しい分野
・近い分野にオークション理論
　あわせてマーケット・デザインという分野を構成
・College Admissions and the Stability of Marriage が起点
　1980年代から発展
・2012年のノーベル経済学賞がシャプレーとロスに
　功績はマーケット・デザイン
・2020年のノーベル経済学賞がミルグロムとウィルソンに
　功績はオークション理論

右のスライドに沿ってまとめる。生徒に、マーケット・デザインが新しい分野であることを強調したい。ロスの『Who Gets What マッチメイキングとマーケットデザインの経済学』（日本経済新聞出版）も持っていって見せた。

	価格機構	マッチング
市場の種類	コモディティ市場	マッチング市場
扱う財・サービスの特徴	同質 分割財（連続的）	異質 非分割財（離散的）
典型例	小麦　石油	企業の採用　恋愛・結婚 学校選択制　臓器移植
価格の意義	価格で需給が調整される	価格で需給が調整できない
均衡	均衡点	安定マッチング
市場の定義	価格を通じて財を売買する場	供給者と需要者が財を交換する場
経済学の「守備範囲」	分析	制度設計

価格機構の授業との関わり

以下は次の授業でした話。

ハンドアウトの空欄を埋めつつ、以前学んだ価格機構とマッチングを比較していく。

——いままで、ただ市場と言っていましたが、マッチングと対比する場合、価格機構で想定する市場をとりたててコモディティ市場と呼ぶことがあります。

コモディティというのは「商品」という意味ですが、ここでコモディティというのは、大量生産されるような、同質で、しかも、細かく分けることができるモノを考えています。表の「扱う財・サービスの特徴」のところに「同質」「分割財」と入れてください。

典型例をあげると、小麦とか石油とかですね。

もちろん、細かくみれば小麦も石油も品種やブランドがあるのでしょうけれど、おおざっぱに小麦として1種類、石油として1種類と考えられる。しかも何千トンから何グラムまで分けることができる。数学的な表現ならば連続的。

——一方、マッチング市場では「異質」な「非分割財」を扱います。例えば会社は1社1社異なるし、大学生もひとりひとり違う。だからこそ、選好順位が決まってくるわけです。誰でもいい大学生一般が、どこでもいい会社一般に就職するわけじゃないですよね。

それに、私のうち半分はA社が採用して、半分はB社が採用するというようなこともできない。分割できない。数学的に言えば離散的な量のものを扱う。

——マッチング市場で扱われるものとしては、事例でやった就活と採用とか、恋愛と結婚とか。あと、入学希望者と学校の組み合わせを決める学校選択制とか、臓器を提供するドナーと提供されるレシピエントの組み合わせを決める臓器移植とかもあります。

——東大では、2年を終えるときに「進振り」、進学振り分けという関門があります。かつては、授業でやった「ありがちな決め方」のような形で進振りが行われていたので、皆さんの先輩の東大生も、希望先をどう出すか苦労していたようです。ですが、いまは受入れ保留アルゴリズムを利用するようになって改善されたと聞きます。

あと、医師国家試験に合格した人は初期研修というものを受けなければならないけれど、そのときの医師と研修先の組み合わせは、今は受入れ保留アルゴリズムを利用してマッチングしているんですよ。医学部に行く人はいずれお世話になるでしょう。

――さて、価格機構でカギになるのは価格ですよね。価格が上下することで需要と供給の量が調整される。でも、マッチング市場の場合、質が異なるので価格を決めるのが難しかったり、結婚相手や臓器移植のように価格をつけることが倫理的、法律的に正しくなかったりする。そのときに、価格抜きで、どう組み合わせをつくるかを考えるのがマッチング。

――そして、需要・供給のグラフで一番大事なところは均衡点だと話しましたよね。そこで需給が一致して、落ち着くんだと。均衡点に当たるものが、マッチングだと安定マッチングということになります。

――あと、マッチングの研究が進むのと並行して、例えば市場の概念も拡張されてきているし、経済学そのものが、それまでの経済現象を分析するというスタンスに加えて、受入れ保留アルゴリズムのように、よりよい社会のために制度設計をする、しくみをつくることも含みこんで、いわば「守備範囲」を広げるようになってきているんです。

他の解き方の検討

――前の時間に、線形計画法で解いたらどうかという話をしました。そこで、事例1を線形計画法で解いてみました。

例えば、AとW社の組み合わせだったら、AはW社が第1希望だから1点、W社からみると

Aは第3希望だから3点、従ってA＝W社の組み合わせは4点。点数が小さい方が希望がかなえられている。そして4人が必ず1つの会社に入るという制約条件で、4つの大学生＝会社の組み合わせの点を合計したものを目的関数として、これを最小化する。

そういう設定にして、エクセルのソルバーで解いてみました。

その結果がこのスライドです。

事例1

選好順（大学生→会社）

選好順	1	2	3	4
Aさん	(W)	Z	Y	X
Bさん	X	W	(Z)	Y
Cさん	(X)	Z	W	Y
Dさん	Z	X	(Y)	W

選好順（会社→大学生）

選好順	1	2	3	4
W社	C	B	(A)	D
X社	A	D	(C)	B
Y社	(D)	B	C	A
Z社	(B)	D	C	A

――解は出たけれど、この解でもBとW社や、DとX社で「抜け駆け」が起こりそうです。つまりこれは安定マッチングではない。

――こういうことだと思います。

線形計画法は、いわば「最大多数の最大幸福」の組み合わせを求める。一方で、受入れ保留アルゴリズムは、「抜け駆け」が生じて組み合わせ全体が壊れてしまわないように安定を最優先する。目的が違うから、答も違ってくるわけでしょうね。

教材づくりの日々 6

いささか物騒なおもちゃたち

バービー人形、きかんしゃトーマス、セサミストリートのダイバーシティについては以前書いたので（『「おもしろ」授業で法律や経済を学ぶ パート2』所収）、ここではもう少し「年長者」向きのおもちゃから物騒なものをいくつか。

リトルボーイとファットマン

1980年代、反核運動が世界的に盛り上がっていた時期、「現代社会」で核兵器についてかなり時間をかけて授業をしていた。私が20代の頃である。

一連の授業の出発点はもちろん広島・長崎への原爆投下。そこで、原爆の威力を示すために、その被害の及んだ範囲を目に見える形で示したいと思った。

原爆の威力は、原爆の大きさ（広島で核分裂反応を起こしたウランは約876gと推定され、ウランの密度を考えるとピンポン球ぐらいの体積になる）と被害の範囲（爆心地から2km以内はほぼ全壊・全焼）とを対比することで示せるだろうと、おもちゃ屋さんに行って1／48サイズのB29のプラモデル（アメリカ製）を買ってきた。

予想していなかったことに、そのプラモデル・キットにリトルボーイ（広島に投下された原爆）とファットマン（長崎に投下された原爆）が付属していた。

「アメリカ（人）にとって原爆は、ファシズムとの闘いで日本を降伏に追い込んだ正義と勝利のシンボルなのだな」「忌まわしいものではまったくないのか」と感じ入ったものだ。

授業でもB29とともにこれらを見せて

「アメリカの子どもは、このプラモデルを作って、『原爆投下ー』とか言いながら、これ（リトルボールとか）を投げて遊んでいるのかねえ」

と、日米の原爆観の違いについて触れた覚えがある。

当時、国産のB29プラモデルは見つからず「原爆や東京大空襲の記憶のある日本人はB29を作る気にはならないのだろうな」と思っていたのだが、その後ずいぶん経って見つけた。こちらにも2つの原爆は付いていて、戦争体験や被爆体験の風化を感じて複雑な気持ちになった。メーカーに問い合わせたところ2010年に発売されたという。

他方、広島平和記念資料館で買ったと記憶しているのだが、原爆ドームのプラモデルもつくったことがある。残念ながら現在は販売されていないようだ。手づくりを考えるのなら関根一昭『原爆ドームと産業奨励館の模型をつくろう』（平和文化）が参考になる。

自動小銃と戦車

戦争を「死の商人」という視点から見る授業を考えていた時があって、その時に「これは教材化しなければ！」と興奮したのが『朝日新聞』に連載され、後に書籍化された松本仁一『カラシニコフ』（朝日新聞社）だった。

カラシニコフ（AK47自動小銃）の話をするならば模型を見せたい。できれば実物大の。そういうわけで、サバイバル・ゲームで使う電動ガンを買ってしまった。商品紹介によれば「本物から採寸を行い、細部のディテールまでリアルに再現」とある。

買ったのはいいが、そのあと「死の商人」の教材研究が進まず結局お蔵入り。それに、これを授業で見せたら、さすがに苦情が殺到するかもしれないと冷静さを取り戻す。「高校の授業で銃を構える教員！」とかメディアに書かれたりして。そもそも自宅から学校にどうやって持っていけばいいのか。高い買い物になってしまった。

2023年1月に、ロシアのウクライナ侵攻に対抗して、米英仏とともにドイツも主力戦車をウクライナに供与することになったと報道された。ナチス・ドイツの過去を背負い、凄惨を極めた独ソ戦の当事者であり、また冷戦の最前線でもあったドイツにとって、「世界最強」とも言われる戦車レオパルド2をウクライナに供与することには多くの葛藤があったのではないだろうか。

NATO諸国の動きも含め、ロシアのウクライナ侵攻については今後も授業で取り上げざるを得ないだろう。

ということで、ラジコンのレオパルト2A5（1／24スケールモデル）を買ってしまう。我ながらまったく懲りていない。

8

廊下の片隅で本と映画を紹介する

２０１９年４月に副校長になって改めてびっくりしたことのひとつは、生徒との直接の接点がまったくないということだった。

もちろん、週１コマや２コマ授業を担当させてくれと言えば持たせてくれただろう。けれど、授業と副校長の仕事の二股をかけると、好きなことばかりやりたがる（嫌なことは先延ばしにする）私の性癖では副校長の仕事がおろそかになることは火を見るよりも明らかだ。そう自覚していたので、あえて副校長の間は授業ゼロにしたのだ。

その結果、高校生と話さない日々が日常化してしまった。副校長になった４月は「ああ、今日は高校生と話をしなかったな」と学校からの帰り道にビックリすることもあったけれど、次第にそれにも慣れてくる。毎日高校生とすれ違うけれど顔も見なくなる。

けれど、そういう日常が半年近く続き、だんだん我慢できなくなってきた。

なにかできないだろうか？

進路の決まった３年生とやっていたように、生徒を誘って読書会を開くことも考えたのだけれど、仕事柄、急な電話や来客や相談事を避けられないので諦める。

本と映画を紹介する

交流は無理でも、せめて発信をということで、自分の読んだ本や観た映画を紹介するコーナーをつくることにした。

歌人で高校教員でもある千葉聡が『短歌は最強アイテム』（岩波書店）で、国語科準備室の入口前にある黒板に「今日のおすすめ短歌」を日替わりで紹介するということを書いている。それをまねたのだ。もちろん千葉と違い「自分の作品」を紹介したりはできないが。イーゼルに、縦45センチ横60センチのコルクボードを載せて、そこに、紹介文とともに、本はそのものを、映画はパンフレット・ＤＶＤ等を置く。カフェなどの店先にあるメニューボードをイメージしている。

紹介文は本、映画とも30字×３行＝90字以内とした。廊下に置いて、生徒には休み時間の教室移動のときなど通過しながらチラ見してもらうのだから、長い紹介文を書いても読まないはず。友だちと連れだって歩いているときに「ちょっと待って」とは言わないだろう。「入れ替え」の頻度も適当。それでも、だいたい１週間から10日ぐらい授業日があったら次のものに入れ替えた（２０２１年度に副校長を降りて授業を持つようになってからは入れ替え頻度が落ちた）。

はじめは、最近読んだり観たりして、自分でも面白く高校生にすすめたいと思う本や映画があったら紹介するということで、並べて紹介してはいるけれど双方の関連は考えなかった。そのうち欲が出て、相互に関係のありそうな本と映画を紹介することも増えた。ただ、それをルールにしてしまうと苦しいので常にそうするわけでもない。そのあたりはいいかげんだ。

果たして読まれているのか……

果たして生徒は読んでくれているのだろうか。

「展示されている本（あるいはＤＶＤ）を貸してください」というような声があれば分かるのだが、そういうことは残念ながらない。たまにイーゼルの前に立っている生徒を見かける程度。

むしろ、同僚から「読んでます」「〇〇、私も観ました」「××面白いですよね」というように声をかけられることの方が多い。それはそれで嬉しかったが。

教壇に復帰して、「政経」の授業ノートにようやく次のようなコメントが登場した。

「今、総務部前で先生が紹介されている『말모이（マルモイ）』に興味を持ちました。この脚本を担当しているオム・ユナさんの『タクシー運転手　約束は海を超えて』という作品を見たことがあります。これは実際の光州事件を元にした映画で、ラストはかなり衝撃的でしたが、とても感動的なストーリーでした。『말모이』も実話がベースということで、受験が

終わったら見るつもりです」

さっそく返事を書く。映画の話はいくらでもしたい。

「『マルモイ』いい映画ですよ。言葉・母語（朝鮮・韓国語）への愛が溢れている。植民地時代の話なので、日本人として（つまり支配していた側として）観ていてけっこうきついですけれど、それは仕方がない。ＤＶＤ貸しますよ。『タクシー運転手』も良かったです。最後の方のカーチェイスのシーンはエンタテインメント性が出過ぎていたけれど。『１９８７年、ある闘いの真実』も傑作。韓国現代史を知るには『国際市場で逢いましょう』もいいかも」

こんな感じの紹介

1回目（2019年10月1日〜）

チョ・ナムジュ『82年生まれ、キム・ジヨン』筑摩書房

韓国でベストセラー。ある女性が、母・祖母・知人女性に「憑依」されて語りだす物語。そこに現れる韓国女性の人生／生活は日本女性にとっても男性にとっても他人事じゃない。皆さんにとっても。

人生をしまう時間（とき）

医師は病気や怪我をなおし、一分一秒でも長く患者に生きてもらおうとしてきた。けれど、万人にとって「死」が避けられないとすれば、患者を「死」へと軟着陸させることもまた、医師の技だろう。

※1回目は、本当に自分が最近観た映画と最近読んだ本を紹介している。本はフェミニズム系の小説、映画は終末期医療のルポだから全然関係ない。

5回目（2019年11月16日～）

倉田徹／張彧暋『香港　中国と向き合う自由都市』岩波書店
香港での大学生などと警察との衝突が激化している。香港のいまの状況は、なぜ、どのように生じたのか。その問に答える手がかりは歴史にある。歴史を知ることでニュースの見方も変わるだろう。

1987、ある闘いの真実
東アジアつながりでこの映画を。1987年の韓国で、独裁政治を終わらせた民主化運動を描く。私はもう社会科教員だったのに当時のことを全然覚えていない。見ようとしなければ見えないのだ。

※本と映画を連動させた最初の回。「激動の東アジア」という感じ。

16回目（2020年6月3日～）

スヴェトラーナ＝アレクシエーヴィチ『戦争は女の顔をしていない』岩波書店
ノーベル文学賞を受賞した著者のデビュー作。旧ソ連では、WWⅡ中、100万人以上の女性が従軍したが、戦後、彼女たちは一貫して無視されてきた。それらの女性の声を丹念に拾い上げたルポ。

この世界の片隅に
WWⅡ末期の呉で、ひっそりと健気に、明るさを失わず生きていく女性の日常を描くアニメ映画。原作者・こうの史代も本映画も、決して声高に叫ばない。こうのの漫画『夕凪の街 桜の国』もぜひ。

※コロナ禍による臨時休業がほぼ3か月続いたあとの、生徒の登校再開後の初回。戦争と女性をテーマにしたルポルタージュとアニメ映画。

19回目（2020年7月8日〜）

ミシェル＝クオ『パトリックと本を読む』白水社

人種的分断と黒人の貧困が遍く広がっている米深南部。かつて2年間教えた生徒が、後にドロップアウトし、人を刺して死なせてしまう。著者は就職を先送りにして、拘置所で彼と読書をはじめる。

ブラック・クランズマン

黒人と白人の2人1役で白人至上主義団体に潜入した刑事の活躍。舞台は1970年代だが、リー監督は明らかに現代アメリカを見据える。だから「ああ面白かった」では終わらない。怖い映画だ。

※2020年春は、「新型コロナの春」であると同時に、白人警官がもたらした黒人男性ジョージ＝フロイドの死で再燃した「ＢＬＭ（Black Lives Matter）運動の春」でもあった。

22回目（2020年8月24日〜）

金森修『病魔という悪の物語―チフスのメアリー』筑摩書房

腸チフスのキャリア（保菌者）として、26年以上、離島に隔離された女性の生涯。恐怖と偏見が人権をいかにそこねるか。ハンセン病患者への扱いなどみても、日本にとってそれは他所事ではない。

フィラデルフィア

当時「死に至る病」だったエイズに罹患し、差別と闘うベケット（T＝ハンクス）と、病への恐怖を克服し彼の弁護を引き受けるミラー（D＝ワシントン）。フィラデルフィアは「友愛の町」という意味である。

※夏休み明け。本は腸チフス、映画はエイズが題材だが、この紹介を読んで「あ、新型コロナにまつわる偏見や差別のことを言いたいのだな」と気づいてほしいと思う。

29回目（2020年11月2日〜）

岩宮恵子『好きなのにはワケがある』筑摩書房 　中高生の宮崎アニメ人気は高い。それは、思春期の心の動き、特に、「子ども」である自分の「死」に共振するものがあるからだと著者は言う。それを「実証」することは難しいが、納得はさせられる。
千と千尋の神隠し 　子どもが楽しめる作品でありながら、大人の多様な読みをも可能にする（宮崎アニメの多くはそうだ）。人が育つためには、千尋にとってのハクのような存在や、ある種の「まじない」が必要なのだな。

※映画は「風の谷のナウシカ」にするか「魔女の宅急便」にするか迷った末に「千と千尋」を選ぶ。

32回目（2020年12月2日〜）

倉本智明『だれか、ふつうを教えてくれ!』理論社 障害の反対は普通なのか、普通とは何なのか、障害は個性なのか、障害が軽いとは、重いとは、共生とはどういうことか、障害を理解するとは……ありきたりの「障害」観をひっくり返される障害学の書。
最強のふたり 脊髄損傷で首から下が動かない大富豪（白人）と、ムショ帰りの貧しい移民（黒人）。対照的な2人の掛け合いが笑える。善意からの同情は（悪いものではないが）人を対等にはしない。タメ口が大事。

※「青い芝の会」関連の本を読んだり、「さようならCP」を観たせいか、生徒の「障害」観を揺さぶってみたいと思う。

2021年春に副校長を退任して、授業等で生徒と直接触れあうことになったので、この企画をどうしようかと思ったが、当面続けてみることにした。

46回目（2021年5月20日〜）

徳永進『隔離』岩波書店 国家の強制隔離政策により、家族も故郷も奪われたハンセン病の元患者からの聞き書き。読みながら何度もため息をつく。「国民の無関心」が彼らの悲劇を見過ごしたとホスピス医である著者は言う。
あん 小豆をおいしく煮るおばあさん。だが、彼女の餡を入れたどら焼きが評判を呼ぶと、口さがない人たちは彼女の過去を噂し始める。樹木希林と永瀬正敏の名演もあり、終わっても余韻に浸りたくなる。

※テーマは「ハンセン病差別」。

48回目（2021年6月17日～）

ウィリアム＝シェイクスピア『オセロー――シェイクスピア全集〈13〉』筑摩書房

嫉妬を動力とする物語。主人公のみならず、嫉妬を「緑の目の化け物」に喩えたイアーゴ自身も、嫉妬で身を滅ぼす。私は悪役でも、シャイロックは嫌いでないがイアーゴに虫酸が走る。なぜだろう。

カヴァレリア・ルスティカーナ／道化師

三角関係・嫉妬・告げ口による悲劇を描いた短めのオペラふたつ。私が高校1年生の秋にはじめて観たオペラがこの2演目。音楽に魅了される。まだ「嫉妬に身を焦がす」感情は経験していなかった。

※テーマは「嫉妬」。オペラにも触れてもらいたいものだ。

55回目（2021年9月29日〜）

平野雄吾『ルポ 入管』筑摩書房

日本はどうか。本書は、難民政策の最前線である入国管理施設でなにが起きているのか、それはなぜなのか、国際比較では、歴史的にはどう位置づけられるのかを考えていく。骨太のルポルタージュ。

はじめてのおもてなし

ドイツの裕福な一家が、難民青年を受け入れることから始まるコメディ。「異人」が来ることで、バラバラだった家族が絆を取り戻す最後が快い。「自由で寛容なドイツ」こそ未来ということだろう。

※テーマは「日独の難民政策」。

58回目（2021年11月12日～）

永野三智『みな、やっとの思いで坂をのぼる』ころから

水俣湾を臨む丘の上で、患者がようやく紡ぎだす言葉を、著者もまた苦しみつつ拾いあげる。それはMINAMATAの今である。「まえがき」の、胎児性患者の女性と著者の挿話だけでも読んでほしい。

MINAMATA

1970年代、水俣病を世界に知らしめた写真家ユージン＝スミスを描く。演じたジョニー＝デップが「作られなければならなかった映画」と言う。その映画は、水俣病が今も続いていることを示して終わる。

※水俣病の過去と現在。

59回目（2021年11月26日～）

稲葉剛／小林美穂子／和田静香編『コロナ禍の東京を駆ける』岩波書店

　緊急事態宣言下、ネットカフェ等の閉店で、「ステイホーム」が叫ばれるさなかに路頭に迷った人が都下で数千人いた。著者らは彼らの相談にのり、居場所をつくり、ときに理不尽な行政とやりあう。

わたしは、ダニエル・ブレイク

　複雑で官僚的な福祉制度に翻弄されて引きこもった大工の男性。あまりの飢えにフード・バンクで缶詰をむさぼり食うシングルマザー。絶望的な状況の中での希望は2人の出会いと支え合いにある。

※テーマは「貧困と支援」。なるべく同著者・同監督のものは避けるようにしているのだが、ケン＝ローチ監督は「家族を想うとき」に続き2度目の登場となった。

61回目（2021年12月27日〜）

藤原辰史『縁食論』ミシマ社
孤食や個食は問題だ。けれど「共食＝家族そろっての食事＝正しい」というのもどうか。そう考える著者が、子ども食堂のようなゆるやかな空間と人間関係の中での「食」＝縁食のあり方を模索する。

幸せのレシピ
どんなに美味しい料理でも嫌いな人とは食べたくない。共に食卓を囲むのは互いが心を開いてこそできること。「食」は人と人とを結びつけるメディアだということを実感させるロマンティック・コメディ。

※テーマは「食べることと人とのつながり」とした。

63回目（2022年1月24日〜）

上野千鶴子『女の子はどう生きるか：教えて、上野先生！』岩波書店

男社会への忖度を一切せずにズバズバものを言うから敬遠する人も多いが、日本の女性解放や女性学の確立に著者が果たした役割は絶大だ。これは次世代の女性への「引継ぎ」と「励まし」の書。

キューティ・ブロンド

主人公エルは、派手な見かけによらず（?）、賢く頑張り屋なのだが、その成功は、女友達の助けや励ましによるところが大きい。そしてエルもまた彼女らを助ける。これはシスターフッドの物語だ。

※テーマは「女性同士のタテとヨコの連帯」。

69回目（2022年4月18日〜）

オリガ＝ホメンコ『ウクライナから愛をこめて』群像社

ウクライナ出身で日本に留学していた研究者が達者な日本語で書いたエッセイ。ウクライナの人びと、建物、暮らしを辿ると随所に第2次世界大戦とソ連による支配の爪痕を見いだすことができる。

キエフ・バレエ「くるみ割り人形」

ウクライナと聞いてキーウ（キエフ）・バレエとチェルノブイリしか思い浮かばないのは情けないが。ウクライナの至宝とも言うべき劇場、バレエ団、団員の未来を案じる。戦争は文化も破壊するのだ。

※ロシアのウクライナ侵攻後2か月。ようやくウクライナを取り上げる。もう少し紹介する映画や本の吟味をしたかったところだが手持ちのカードが乏しいから仕方がない。

71回目（2022年5月23日〜）

中島京子『やさしい猫』中央公論新社

シングルマザーと小学生の娘、2人がボランティアで出会った男性。どこにでもいるような3人は、その男性がスリランカ人で、在留資格を失ったことから、思いもよらない激動に飲み込まれる……。

マイスモールランド

17歳のサーリャはごく普通の高校生。友達と他愛ない話に興じ、小学校教師をめざし、バイトもする。だが、クルド人の父親の難民申請が不認定となったことから彼女の世界は一変してしまう……。

※テーマは「日本の難民」である。映画「牛久」もインパクトがあったが、高校生を主人公とした「マイスモールランド」を紹介した。

81回目（2022年11月4日～）

池上永一『あたしのマブイ見ませんでしたか』ＫＡＤＯＫＡＷＡ
　著者は石垣出身。沖縄では、衝撃を受けると魂（マブイ）が体を抜け出してしまうと信じられたりしている。そういう民俗は「非科学的」かもしれないけれど、それが沖縄文化の豊饒さの基にあるのだろう。

ひめゆりの塔
　沖縄戦末期の１９４５年。皆さんとほぼ同い年の女子生徒２２０人が看護婦役として戦場に駆り出され、半数以上が戦死した。生存者もごく少数になった今、この記憶をどう伝えていくか考えてほしい。

※2年生が11月後半に修学旅行に行くので沖縄を。「ひめゆりの塔」とセットなら、例えば目取真俊『水滴』の方が合うのだろうけれど、沖縄戦ばかりというのもどうかと思って池上の短編集にする。

83回目（2022年12月9日～）

村上春樹『神の子どもたちはみな踊る』新潮社

阪神淡路大震災のあとに書かれた短編集。新海作品の直接の源泉となる「かえるくん、東京を救う」もまた、人知を尽くしても対抗しがたいような暴力や悪と、にもかかわらずそれに向き合う者を描く。

すずめの戸締まり

女子高校生の成長を描くロード・ムービーというエンターテインメント性を持ちながらも、これは鎮魂の物語、祈りの物語だ。新海作品らしい繊細で緻密な描写の中に現れる「みみず」のまがまがしさが強烈。

※テーマは「地震という災厄」。

91回目（2023年4月10日～）

辻村深月『かがみの孤城』ポプラ社
　学校に行けない中学生・安西こころが鏡の向こうの城に招き入れられるところから始まるファンタジー。こころはそこで居場所と仲間を得る。「大丈夫だから、大人になって」というメッセージが心に響く。

かがみの孤城
　新学期に、しかも教師が言うことではないかもしれないけれど、本作に出てくる「たかが学校」というセリフを、頭の片隅に置いておくといい。学校は、皆さんの人生の、世界の一部に過ぎないのだから。

※映画と原作の小説を並べることもある。「読んでから見るか、見てから読むか」（古いな）。

9

「ゲームの理論」の最初のゲーム

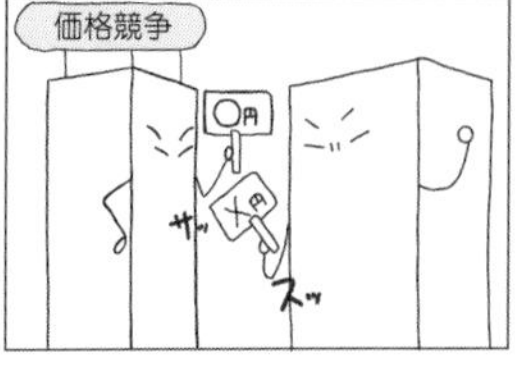

「政経」経済分野で、ゲームの理論を取り上げて3～4コマ授業を行ってきた。

ゲームの理論は楽しくためになる

あるとき「なぜ高校で（学習指導要領にも載っていない）ゲームの理論を扱うのか」を説明する必要があったので、私なりに以下のように話した。

1　状況を理解して、論理的な思考を迫るのに好適

2022年度からはじまった大学入学共通テストの公民科の出題傾向をみると、いわゆる「知識」に加えて、「状況や設定を、文章や資料から読み取り、理解すること」「そこから論理的、実証的な思考をすすめ判断すること」が、これからの大学生に強く求められていると考えられる。そういうところを鍛えるのにゲームの理論はうってつけである。

2　現実とモデル、具体と抽象を往復させるのに好適

社会科学を含む科学において、現実をモデルに置き換えて考えるのは一般的な方法であるし、経済学ではそれが特に顕著である。ゲームの理論だと、それが示しやすい。

3　生徒がやがて大学で学ぶ多くの学問で用いられる

勤務校の生徒はほぼ全員、大学に進学する。そこでゲームの理論に触れる生徒は少なくないだろう。大学で本格的にゲームの理論に触れたときに「あ、これ高校で少しやったな」と思えるといいのではないか。

4　センター入試などにも出題されてきた

別に入試対策のためにゲームの理論を扱うわけではないけれど。

5　なにより生徒の食いつきがいい

1～4のように理屈をつけてみたけれど、ホンネを言えば、生徒がとても面白がるということに尽きる。勤務校では半分強の生徒が「理系」で、「政経」は共通テストでも使わない生徒が多いのだが、そういう生徒にもゲームの理論は好評である。

「ゲームの理論」の最初にやるゲームを紹介しよう。

ルール説明

――今日は、最初にゲームをします。

と言うと、ゲーム好きの（主体的・能動的な授業の好きな）生徒たちは「やった！」という顔をする。

――2人ずつのペアでやってもらうから、隣同士の人で組んでください。

ハンドアウトを配布して、ルールのところを読み上げていく。

【ルール】

1　2人で相談して、どちらかがA、どちらかがBになってください。
2　Aは「グー」と「パー」の手が出せます。
　Bは「チョキ」と「いいね！」の手が出せます。
3　ジャンケンのように同時にどちらかの手を出します。
4　出した手の組合せに応じて、表の得点がそれぞれに与えられます。
5　これを10回繰り返します。得点を記録欄に記入していってください。
6　**自分の合計点が最大になるよう頑張ってください。**

ルールのうち6だけさりげなく太字にしてある。「自分の合計点を最大化する」、つまり「経済人」としてゲームをやってほしいということなのだが、これが実は難しいことがあとで分かる。

かつては「お互いに相談したりはしないでください」というルールを入れていた。賢いペアが勝手に「協力ゲーム」に変えてしまうことがあったからだが、そういうことがあれば、それはそれでゲームの振り返りの時にふくらみが出るだろうと、ある時期から削除した。

ゲーム1
得点表（各セルの左側がAの得点、右側がBの得点を示します）

B / A	チョキ	いいね！
グー	−3, 3	1, −1
パー	4, −4	−2, 2

記録欄

	1	2	3	9	10	計
自分の得点						
相手の得点						

ゲーム2
得点表を変えて再度やります。やり方はゲーム1と同じです

B / A	チョキ	いいね！
グー	3, 3	0, 5
パー	5, 0	2, 2

ゲーム3

B / A	チョキ	いいね！
グー	3, 3	2, 5
パー	5, 2	0, 0

ゲームを始める

――では、ゲーム1を始めてください。

生徒はキャアキャア言いながら、ゲームを始める。なんだか楽しそうである。

ペアと言えば、勤務校での教室の机の並びは、前後7人で横6列が基本なのだが、横の2列ずつをくっつけて並べている。高校では1列ずつ離しておくことが多いように思うので珍しいかもしれない（附属中学がそうだから生徒はおのずとそうするらしい）。

この並びは隣り同士でおしゃべりをはじめたりしがちなのだが、ペアで議論をしたり、今回のような2人ゲームをする時には便利である。これが7列だったらペアをつくるのにも多少手間取りそうだ。「学びの共同体」のような取り組みをしなくても、教室のレイアウトは授業づくりにおいて無視できない要素だと思う。

それはさておき。

机間巡視していると、初めのうち、「どういうこと？」「どうやるの？」と混乱している生徒もいるが、ペアの相手や回りの生徒にやり方を教わってなんとかしていく。

このゲームには、利得行列の読み方に習熟するという意味もあるのだ。

――10回やったら、合計点を出してください。

——ゲーム1が終わったペアは、そのままゲーム2とゲーム3もやってください。ルールは同じです。自分の得点を最大化するように頑張ってください。

ゲーム2をはじめてしばらくすると

「つまんねー」「これ、ずっと同じ（手の出し方が続く）だけ」

という声が聞こえてくることがある。

——もしかしたら、やっていて面白くないゲームがあるかもしれませんが、続けてください。ついでに、なんで面白くないのかを考えてみてください。

ゲーム2のあとで、ゲーム3をやってもらうと、（パー、いいね！）の組み合わせが続き、得点表に0が並ぶことが多い。そういうペアのそばで

——これさ、ゲーム2と同じだと思っているでしょう？　でもそうかな？

と囁いたりする。

——ゲームが終わったペアは、このゲームについていろいろおしゃべりしてください。どうすればよかったとか、どういうゲームなのかとか。

囲碁・将棋の感想戦みたいなものである。

「なんで、そんなに私の手が分かったの？」

「このゲームって、動きようがないよね」

等々の声が聞こえてくる。なかには、ゲーム2でなぜ（パー、いいね！）に落ち着くかを

ペアの相手に丁寧に説明する生徒もいる。

　そういう生徒の声を拾っておいて、あとで説明のときに「引用」する。

ゲームを振り返る

——それではちょっと振り返ってみましょう。まずゲーム1。たぶん、ゲームとしては一番面白かったのではないでしょうか（生徒うなずく）。

　一番大差で勝った人に、どうやって勝ったか聞いてみる。

「相手がだいたい交互に出してくることが分かったから（生徒笑う）」

「出す直前の相手の手の形で分かりました（生徒笑う）」

「よく分からないけど勝ちました」等々。

——このゲームでは、相手がどちらの手を出しそうか予想して、それに合った自分の手を出さないといけない。相手の手を読む、駆け引きのような要素がある。

　このゲームがゼロサム・ゲームであることも確認する。

——このゲームでは、自分の得点＋相手の得点は必ずゼロ。だから、合計もそうならなければおかしいですよね。大丈夫ですか。

——もうひとつ。このゲームを始めるときに、ＡかＢか選べと言われたでしょう。その時に、

「どっちの方が有利かな?」と一瞬でも思った人いますか?

クラスで数人は手を挙げる。

——鋭いですね。このゲームは、もしかしたら公平なゲームじゃないかもしれない。つまり、例えばこのゲームを1万回やったら、ほぼ必ずどちらかが合計点で勝つゲームかもしれない。じゃあ、どうすればそのことを確認できるか、どっちが有利か。そういうことも、いずれ授業で出てきます。

ゲーム2の振り返り

ゲーム2は囚人のジレンマ・ゲーム。ナッシュ均衡は(パー、いいね!)の組み合わせになる。

——途中からでも、「パー」と「いいね!」が続いて2点が並んだペアはありますか。

と聞くと、多くのペアの手が上がる。

——じゃあ、最初の回からずーっと(パー、いいね!)だったペアは?

これもクラスで数組はいる。

——鋭いなあ。このゲーム、どちらも合理的に考えると、Aは「パー」、Bは「いいね!」を出すっきゃないんですよね。

念のため、例えばAにとっては、Bが「チョキ」でも「いいね！」でも、自分は「パー」の方が得点が高いこと（「パー」を出すことが支配戦略であること）を説明する。

――だから、このゲームでは、そういうゲームの構造に先に気づいた人が、その分だけトータルでは点が高くなったんじゃないですか。

一息入れて

――でも、（パー、いいね！）より（グー、チョキ）の方が両者にとってより良い組み合わせですよね。どちらも3点ずつなんだから。

（グー、チョキ）の状態が出現したペアはありますか。

あった場合には、話を聞く。

――どうやってそうできたの？

「相談しました」

「目で訴えました（生徒笑う）」

――なるほど。相談したんだ。それで上手くいきましたか？

「でも、途中で裏切られたので、こちらも裏切りかえしました（生徒笑う）」

「9回目まではずっといって、10回目は両方とも裏切りました（生徒爆笑）」

時間があれば、有限回の繰り返しの場合と無限回の繰り返しの場合の違いとかを話してやりたいところだ。

ゲーム3の振り返り

ゲーム3はチキン・ゲームである。

――ゲーム3を、ゲーム2と同じと考えて（パー、いいね！）が続いたペアも多いですけれど、このゲームはゲーム2と構造が違うんですよ。

と言うと怪訝な顔をしている生徒が多い。

――いま、（パー、いいね！）の状態から、Aが手をグーに変えたらどうなりますか？　自分の得点は0点から2点に増えるじゃないですか（生徒うなずく）。でも、みんなそうしないんですよねー。なぜですか？

「そうすると相手に5点取られてしまう」

――そうですよね。相手に負けちゃう。でも、ゲームのルールの6をみてください。

「あー」「そうかー」

という声が聞こえる。

――「自分の合計点が最大になるよう」とあるじゃないですか。としたら0点より2点の方がいいですよね。

このゲームでは「自分の得点を最大化すること」と「相手に勝つこと」が食い違うこと、ゲーム3で高得点をとるには、自分は「パー」や「いいね！」のままで、相手に手を変えさせたいこと、だからこのゲームは一種の我慢比べになることを説明する。

――こんなふうに、セルの数字を少し変えただけで、違う性質のゲームになり、勝つための方法が変わってくるって面白くないですか？

事例を紹介する

このあとは、スライドを使って、この表（利得行列）の形に落とし込めそうな事例を紹介する。

1つ目は、寡占市場での価格競争。

事例1　**価格を維持するか、値下げするか**

- 同じ種類の製品を製造販売しているA社、B社が争っている
- 現在はどちらの会社も年に1000万円の利益を上げている
- 片方の会社だけが値下げをすると、ライバル会社の顧客を奪えるので利益が増える
- 両方の会社が値下げをすると、顧客の移動がないので両方とも利益が減る
- **価格を維持するか、値下げするか**

2つ目は、部屋をシェアしている2人による掃除の押し付け合い。

事例2　**掃除をするか、しないか**
・Aさん、Bさんが部屋をシェアしている
・どちらも掃除は好きでない
・2人とも掃除をしないとゴミ部屋になりゴキブリが出る
・**掃除をするか、放っておくか**

3つ目は、サバンナでのシマウマとライオン。

事例3　**追うか待つか　逃げるか立ち向かうか**
・サバンナにライオンとシマウマがいる
・ライオンはシマウマを追うか、待つか
・シマウマは逃げるか、立ち向かうか
・**ライオンはどうすればいいか、シマウマはどうすればいいか**

これらは、次のような利得行列に落とし込むことができる。さらに、各セルの「結果」を、望ましさに応じて順位づけしてみる。
そのうえで

——A社とB社が合理的に考えれば、どちらも「値下げ」を選びますよね。だから、このゲームは（値下げ、値下げ）で固まってしまう。でも、これより（価格維持、価格維持）の方が両者にとって望ましいでしょう。でもそれができない。なんで？

「裏切られるのが怖いから」

——そうそう。このゲームは、皆さんがやったゲームのなかではどれと同じ構造ですか？

「ゲーム２」

こんなやり取りをして、具体的な事例は異なっても、ゲームの構造が同じ場合があることを示してやる。事例２はチキン・ゲーム、事例３はゼロサム・ゲームと言えるだろう。

事例 1 の利得行列

B社 / A社	価格維持	値下げ
価格維持	1000万円，1000万円	600万円，1200万円
値下げ	1200万円，　600万円	800万円，　800万円

事例 2 の利得行列

Bさん / Aさん	掃除をする	掃除をしない
掃除をする	掃除は大変だが 部屋は清潔に	A：私だけ掃除 ?! B：ラッキー！
掃除をしない	A：ラッキー！ B：私だけ掃除 ?!	ゴキブリが出た！！

事例 3 の利得行列

シマウマ / ライオン	逃げる	立ち向かう
追う	ラ：追うのが大変 シ：逃げられるかも	ラ：追うぶん面倒 シ：結局食べられる
待つ	ラ：ご飯を食べ損ねる シ：助かる	ラ：ご飯が歩いてきた シ：食べられる

生徒のつくったゲーム

最後は、自分で身の回りの事例などを考えて、これを利得行列の形で表現してみる。

> こういう形で表せるようなできごとを考えてみよう。

いくつか紹介しよう。

ゲーム1は、なんというか大学入試に直面している生徒らしいというべきか。大学入試は、人生の中では珍しくゼロサムゲーム的なんだよなと思ったりもする。でもまあ、このゲームでナッシュ均衡を探すと、（テスト勉強する、テスト勉強する）となるのは良かった！

スポーツのゲーム的状況は考えやすい。ゲーム2を考えたのは女子バレー部の前キャプテンだ。

生徒のつくったゲーム１

自分＼他人	テスト勉強する	テスト勉強しない
テスト勉強する	自分：良い点（2） 他人：良い点（2）	自分：良い点だし順位高（1） 他人：悪い点だし順位低（4）
テスト勉強しない	自分：悪い点だし順位低（4） 他人：良い点だし順位高（1）	自分：悪い点（3） 他人：悪い点（3）

生徒のつくったゲーム２

ブロッカー＼スパイカー	スパイク	フェイント
（ブロックに）飛ぶ	2番，3番	3番，2番
（ブロックに）飛ばない	4番，1番	1番，4番

生徒のつくったゲーム３

遅刻ギリギリの生徒＼先生	予定通りにくる	少し遅れてくる
走る	2番，2番	3番，3番
走らない	4番，1番	1番，4番

ゲーム３の「甘い先生バージョン」

遅刻ギリギリの生徒＼先生	予定通りにくる	少し遅れてくる
走る	2番，1番	3番，3番
走らない	4番，4番	1番，2番

ゲーム3では、生徒の利得（順位）は分かるが、先生の利得が謎である。もしかして「はいアウト！　遅刻だからねー」と喜ぶイジワルな先生と思われているのだろうか……。でもこのゲームのナッシュ均衡は（走る、予定通りくる）になる。これは正しい高校生活だ。もし「甘い先生バージョン」—生徒をなるべく遅刻にしたくない、できれば走らせたくない—を考えると、右のものに加えて（走らない、少し遅れてくる）もナッシュ均衡になってしまう。これはやはり「喜んで」遅刻をつけた方がいいのか……。

教材づくりの日々 7

30年かけて見つけた古本

究極の伏字本

私が教員になりたての頃、埼玉県の「日本史」教員で多数の実物教材を見せてくれるMさんという先達がいた。私が実物教材ヲタクになった理由のひとつはMさんの存在である。

Mさんの数ある実物教材のなかで最も刺激的だったのが、北一輝『日本改造法案大綱』だった。それは、政府の検閲によって削除された箇所を○で示してあり、ページによっては見開き全面○○○○……が続いていたのだった。

戦前の日本の表現の不自由を示すのにこれほど〝目に見える〟ものはない。

それ以来、ずっとこの『日本改造法案大綱』を探していた。もちろん、ずっとと言っても、思い出したように古書店の目録を見たり、ネットで検索したりというレベルだったが。

ところが、これが見つからない。そもそも100年近く前の本であり、しかも禁書の類であるから、古書の世界にもそうたくさんは出回らないのだろう。二・二六事件に連座して北が逮捕・処刑された後、慌てて捨てたり焼却したりした人もいたのではないか。

たまに見つけてもかなり高価で、特に若い頃は「とてもじゃないけど買えない」と涙をのんでいた。

加えて、うかつにも何冊か『日本改造法案大綱』を入手してから分かったことは、この本にはいくつもの版（バージョン）があり、私が見た〝伏字だらけバージョン〟はそのうちの1つに過ぎないようであるということだった。

そのため、購入はしたものの狙っていたバージョンと違うことが続き、我が家には何冊もの『日本改造法案大綱』が積み重なっていった。以下にそれらを紹介しよう。

削除バージョン

① 大正十二年五月九日発行　改造社

② 大正十二年五月十一日三刷　改造社

の2つの版では、検閲された部分が「×行削除」という形で示されている。

例えば「巻一 國民ノ天皇」の冒頭「憲法停止。」以降の三行は（三行削除）で、続く注も削除の連続。つまりこんな具合である。

（三行削除）

註一。（十一行削除）

註二。（八行削除）

註三。（五行削除）

註四。（七行削除）

その後、二行削除されずに残った文章があった後、また

（四行削除）
（二行削除）
（三行削除）

もう最初からわけが分からない。

日本改造法案大綱

巻一　國民ノ天皇

（三行削除）
註一。（十一行削除）
註二。（八行削除）
註三。（五行削除）
註四。（七行削除）

天皇ノ原義。天皇ハ國民ノ總代表タリ、國家ノ根柱タルノ原理主義ヲ明カニス。

巻一　國民ノ天皇

削除バージョン

復元バージョン

一方、以下の版では①②で削除されている部分がほとんど復元されている。

③　第三回公刊頒布本

謄写印刷で奥付もない。冒頭に「第三回の公刊頒布に際して告ぐ」という文章があり、その最後に「大正十五年一月三日 北一輝」とある。正式に書籍として発行したのではなく検閲を受けていないのだろう。

④　大正十五年二月十一日発行　編者兼発行者　西田税
⑤　大正十五年五月十日再版発行　編者兼発行者　西田税

例えば冒頭は

憲法停止。天皇ハ全日本国民ト共ニ国家改造ノ根基ヲ定メンガ為ニ天皇大権ノ発動ニヨリテ三年間憲法ヲ停止シ両院ヲ解散シ全国ニ戒厳令ヲ布ク。（常用漢字に直してある。）

とあり、また註一から註四まですべて読める。

伏字だらけバージョン

そういうわけで半ば諦めていたのだが、2020年に本当に久しぶりにネットオークションで『日本改造法案大綱』をググったところ何点か出品されており、しかもそのうちの1点は、写真を見る限り私が探していた版

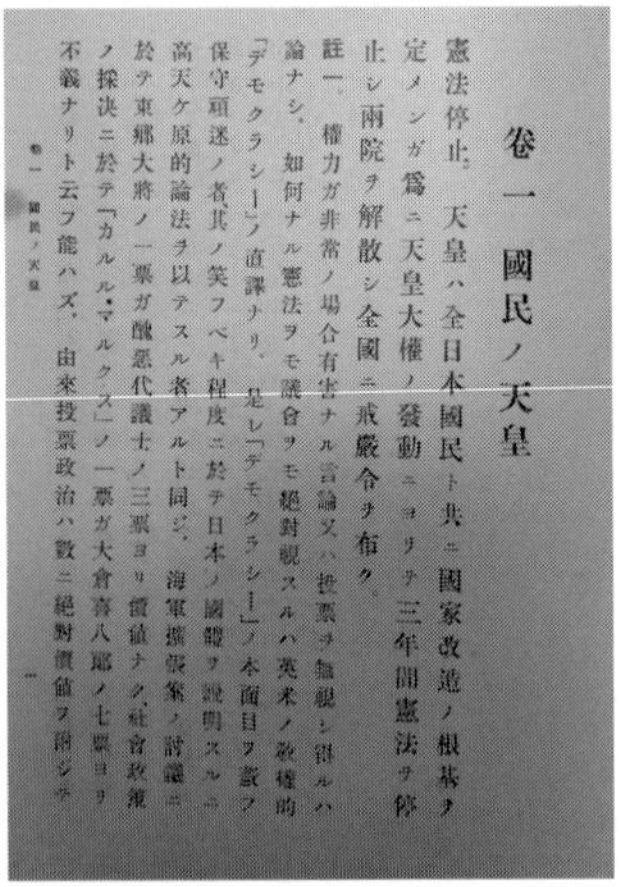

卷一　國民ノ天皇

憲法停止。天皇ハ全日本國民ト共ニ國家改造ノ根基ヲ定メンガ爲ニ天皇大權ノ發動ニヨリテ三年間憲法ヲ停止シ兩院ヲ解散シ全國ニ戒嚴令ヲ布ク。

註一。權力ガ非常ノ場合有害ナル言論又ハ投票ヲ無視シ得ルハ論ナシ。如何ナル憲法ヲモ議會ヲモ絶對視スルハ英米ノ敎權的「デモクラシー」ノ直譯ナリ。是レ「デモクラシー」ノ本面目ヲ數フ保守頑迷ノ者、其ノ笑フベキ程度ニ於テ日本ノ國體ヲ說明スルニ高天ケ原的論法ヲ以テスル者アルト同ジ。海軍擴張案ノ討議ニ於テ東郷大將ノ一票ガ醜惡代議士ノ三票ヨリ價値ナク、社會政策ノ採決ニ於テ「カルル・マルクス」ノ一票ガ大倉喜八郎ノ七票ヨリ不義ナリト云フ能ハズ。由來投票政治ハ數ニ絶對價値ヲ附シテ

卷一　國民ノ天皇　一

復元バージョン

のように○が並んでいるように見える。

飛びついて購入する。届いた本を開くと、まさに私が30余年探していたものだった。奥付を見ると「大正十五年二月十一日発行　編者兼発行者　西田税」と、なんと④と同じである。なぜ同じ版なのに異本があるのか。こちらを④bと呼ぶとすると、④と④bでは、伏字の場所だけでなく、凡例の位置や内容など他にも違いがあるのだ。謎である。

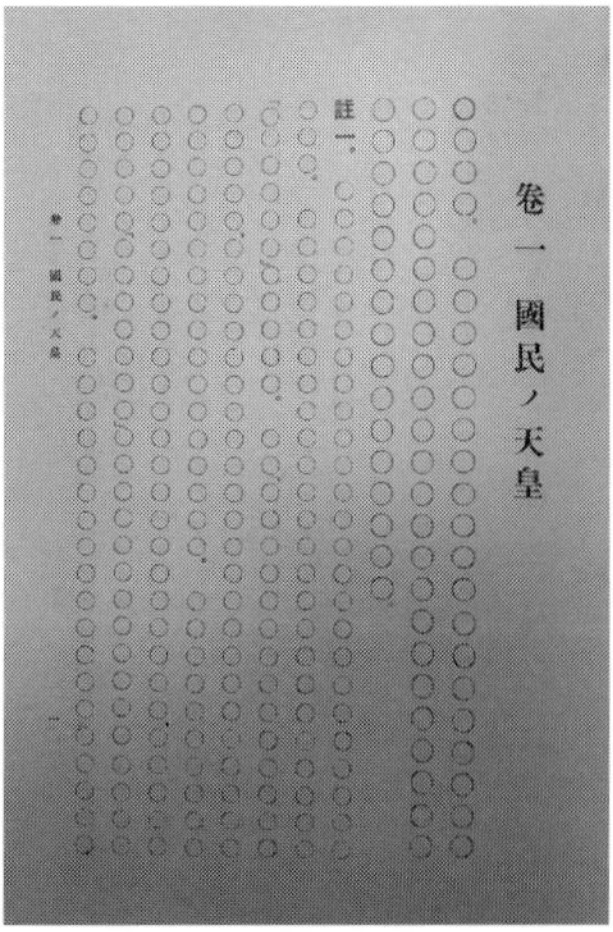

伏字だらけバージョン

戦前の検閲の制度やその苛烈さが、時代や検閲する人によってどう違っていたのかというのも調べると面白そうだ。

古本には「お宝」も

ちなみに、①では、削除部分のあるページの余白に、虫メガネでないと読めないような細かい字のペン書きで削除部分が復元されていた。④や⑤のような伏字の少ない版を借りるなりして持ち主が書き写したのだろう。その丁寧な復元ぶりに圧倒される。こうやって、戦前の人は検閲に対抗していたのだな。

一方②には、薄紙にガリ版で印刷した次のようなものが挟まっていた。

a　削除箇所を復元した文章の一覧（綴じてある）

b　「日本共産党民主主義的集権主義組織図解」

c　「日本共産党ノ組織、共産党ト無産党及労働組合トノ関係」

d　「甲ニ関係セル共産党嫌疑人物ノ系統要図」（これらは1枚ずつの薄紙）

これらは元の持ち主のものだろう。「嫌疑人物」とあるのを見ると、特高警察など取り締まり側の人だったのかもしれない。cやdには具体的な職場名や個人名が入っており生々しい。監視される側は恐怖だっただろうな。

こういうふうに、持ち主の書き込みがあったり、関係するメモなどが挟まっていたりするのも古書の面白さである。ようやく手に入れたこの『日本改造法案大綱』を生徒に見せると「おお！」という感じの反応になる。30年諦めなくてよかった。

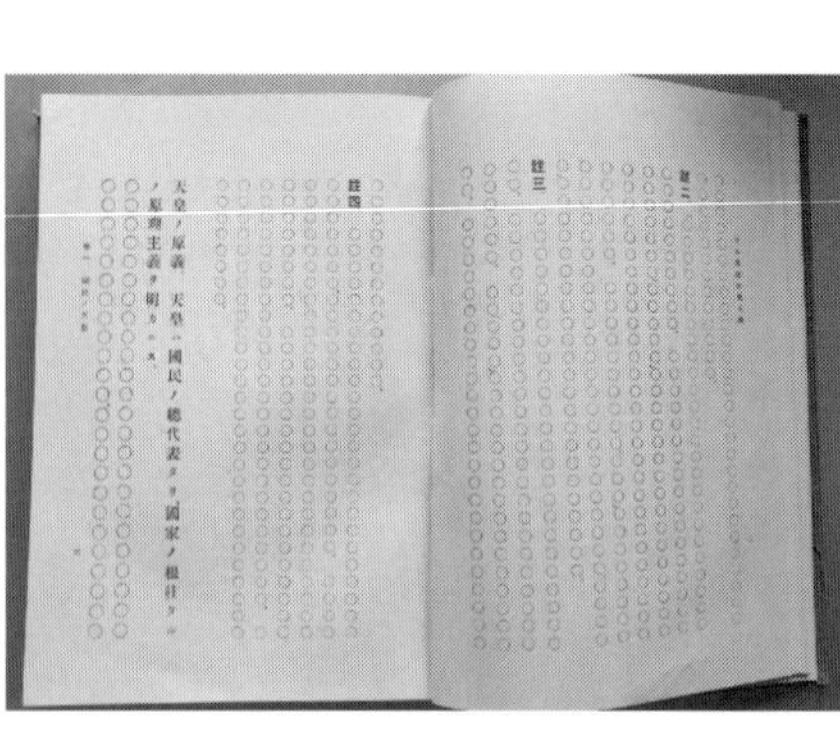

その続きページ

10

オークションをやってみる

「オークション」の授業をつくってみた。

2020年にポール＝ミルグロムとロバート＝ウィルソンがオークション理論への貢献によってノーベル経済学賞を受賞した時、同僚の理科の教員から「どうしてオークションなんかでノーベル賞がとれるの？」と尋ねられたことがあって気になっていたのだ。

もちろんオークション理論は高度な数学を使うから、高校3年生に紹介できること（いや、私が紹介できること、と言うべきだ）は限られている。ミルグロムとウィルソンの成果なんて遥かかなたの話である。

ただ、幸い「ゲームの理論」や「マッチング」の授業をやっているので、「戦略」「情報不完備ゲーム」「耐戦略性」というような概念をつかって、オークション理論の〝匂い〟を嗅いでもらうことはできるんじゃないかなと考えた。

以下は、その導入の1コマである。一度、オークションの場に立たせて、参加者がどういうことを考え、どう行動するかを体験しつつ考えてもらうのがいいかなと思った。

用意したもの

① 評価額カード
「評価額　○○円」と印刷しておく。○○には1～99のいずれかが入る。99枚用意して、授業では生徒分だけランダムに使う。

② 入札用紙
「入札額」「氏名」を記入する欄がある。赤と白と2種類の紙に印刷する。1クラスにつき赤白10枚ずつつくらい使う。

③ 入札箱
投票箱として売られている物。鍵付き。菓子箱等でも問題ない。

④ オークション・ハンマー
教員がオークショニア役をやるので、「○○円でよろしいですか。よろしいですか。よろしいですか。（コン）はい落札！」というのをやってみたかった。無くても問題ない。

⑤ インターバル・タイマー
設定の秒数（今回は3秒でやってみた）ごとにピッと鳴り、画面の数字が99から減っていく。ダッチ・オークションで使ったが、画面が小さすぎるので「ピッ」ごとに「○

○円」と言っていく。いずれ筋トレにでも転用できるかと思い購入。これも無くてもよい。スマホ用アプリもあるようだ。

⑥ オークションにかける物

百円ショップで1クラス4種類ずつ用意する。晩秋に行った授業なので、クリスマス・オーナメントのバリエーションになった。

⑦ 熊田のサイン入り色紙（似顔絵付き）

⑧ 貨幣や紙幣がばらばらに入った透明なボトル

私的価値と共通価値の違いを話す時に使えるかと思って用意した。⑧の中身は適当である（数えたら3000円くらいだった）。

オークションと聞いて思うこと

――オークションの授業をやります。オークションと聞いて思い浮かべることを言っていってください。

1列ほど指名する。

「ヤフオク」

――ヤフーオークションですね。ヤフオクでものを買ったことがある人、いますか？

2～3人が手を挙げる。思ったより少ない。

「魚の競り」

――そうですね。あれもオークション。大間マグロの競りとかビックリするほど高い値段が付きますよね。

「公共事業の入札もそうですか？」

――そうです。あれもオークションの一種。ただし、この場合は安く入札した会社が、その仕事を受注する。うちの学校の修学旅行の旅行代理店を決めるときも、代理店何社かでの入札を行って、基本的に一番安い価格を提示したところに頼むんですよ。

生徒は「へえ～」という顔をしている。

「メルカリ」

――メルカリで何かを売ったことがある人？　買ったことがある人？

ヤフオクよりは多い。買ったことがある生徒の方が多い。

「肉牛」

――肉牛もオークションがあるんだー。

別のクラスでは、競馬の好きな生徒が嬉々として競馬馬の競売について説明してくれた。

「バンクシー……」

――美術品のオークションは有名ですよね。クリスティーズとかサザビーズとか聞いたことあるんじゃないですか。

「即決価格」

——面白いのが出た。ヤフオクなどでは、普通、価格を競り上げていくけれど、「この価格だったらすぐにその人に売ります」という値段も決めることができる。これはオークションのルールや仕組みに関わってきますね。

国債の入札、五輪の放映権、石油の採掘権、グーグルの画面広告などにもオークションが使われていることを紹介する。

オークションをやってみよう

——では一度、皆さんにオークションを体験してもらいます。

評価額カードをトランプのように切ってから裏返して配る。

——裏を見ないで、1枚ずつ取って後ろに回してください。(配布が終わったら、クリスマス・オーナメントを見せながら) 今回はこれをオークションにかけます。オークションの参加者は、出品された物に対して「〇〇円までは払っていいな」と思う額を考えますよね。その額を評価額と呼ぶことにします。

今回は、この評価額をこちらで割り当てます。皆さんの手元にあるカードの裏をこっそり見てください。そこに書かれている金額が、皆さんの評価額になります。カードは他の人に見せないでください。本来、心の中にあるものですから。例えば「評価額50円」とあったら「50円までなら出せる」と考えてください。自分の好みじゃなくて。

――もうひとつ大事なこと。例えば評価額が50円の人は、50円で買えても喜びはないと考えます。それでは等価交換だから。それを例えば40円で競り落とすことができたら、「10円得した」と、こういうふうに考えてください。「なにがなんでも競り落とした方が勝ち」ということではないのです。

――では自分がなるべく得をするように、損をしないようにチャレンジしてみてください。

ハンドアウトには次のように4つのオークションのやり方を示しておく。

A　教室の下手（窓側）の10人で価格をせり上げていって、最後まで手を上げ続けた人が勝者になる。勝者はその時の金額を払う。

B　その次の10人で価格を引き下げていって、最初に手を挙げた人が勝者になる。勝者はその時の金額を払う。

C　その次の10人で
1　配布したメモ用紙に入札額の金額を記入し、入札箱に入れる。
2　最も高い金額で入札した人がオークションの勝者となる。その場合、勝者は自分の入札額を支払う。

D　教室の上手（廊下側）の10人で
1　配布したメモ用紙に入札額の金額を記入し、入札箱に入れる。
2　最も高い金額で入札した人がオークションの勝者となる。その場合、勝者は全員の入札額のうち2番目に高い金額を支払う。

イングリッシュ・オークション

——窓側の列から10人くらいの人には、皆さんも知っているようなやり方、Aのやり方でやってもらいます。

クラスの人数の1／4ぐらい参加者を指名する。

——「この値段で買います」という金額を入札額と言います。参加者は、入札額をしだいに高くしていって、一番高い金額をコールした人が落札して、その金額を払います。

オークションを始める。

――5円で買ってもいいという人はいますか？

挙手があるのを確認して

――じゃ、5円から。買ってもいいという値段を言っていってください。

「6円」「20円」「30円」「31円」「50円」「51円」というように競り上がっていく。

落札時にはオークション・ハンマーをたたき、オーナメントを落札した生徒に渡し、評価額（入札額ではない）を尋ねる。

あるクラスの落札価格は93円で、その生徒の評価額は94円だった。

この時、落札した生徒は、最後まで競っていたもう1人が82円を付けたあとに一気に93円を提示したのだった。そこでこの生徒に

――どうして83円にしなかったの？

と尋ねたところ

「割と少しずつ値段が上がっていっていたので、ここでドーンとあげて、相手を驚かそうとした」

というようなことを言う。

イングリッシュ・オークションでは、自分の評価額まで、他の参加者の提示した入札額に最小単位額（今回の場合1円）だけ上乗せしていくのが賢明なのだが、それにはイングリッ

シュ・オークションの仕組み（理論的には2番目に高い評価額＋最小単位額を入札すれば落札できる）を理解しないとならない。

ただ、今回と違って自分の評価額がはっきりしない参加者がいる場合、その参加者は少しずつ競り上がっていったとき、他の参加者の入札額につられて自分の評価額もだんだんに上げてしまいオークションから撤退しない可能性があるけれど、一気に高い入札額が提示されれば「そこまでは出せない」と断念するかもしれない。だから、相手を委縮させようという作戦も分からないではない。

ダッチ・オークション

次の約10人を指名する。

——今度は別の方式でやります。１００円から、徐々に値段を下げていきます。花屋さんが花を仕入れるときのオークションに、この方式がとられることがあるそうです。（インターバルタイマーを鳴らしてみせて）このタイマーで3秒ごとに、１００円から99円、98円、97円……と下げていきます。自分が買おうと思ったら、手を挙げてください。一番早く手を挙げた人が落札者になり、その時の額を払うことになります。

値段を下げるにつれて緊張感が高まっていく。参加者はお互いに様子をうかがっている。

85円である生徒が手を挙げて終了。オーナメントを渡す。

評価額を尋ねると98円だった。

——98円だったんだ。じゃあ13円分も手を上げず我慢していたわけだ。

「そうです」

——(参加者に)自分の評価額が85円より高かった人いますか?

「(ちょっと悔しそうに)はい。まだ大丈夫だろうと手を挙げないでいたら抜かれてしまいました」

この方式だと、他の参加者がいくらになったら手を挙げるかの予想によって、自分はいくらで手を挙げたらよいかが変わるということがよく分かる。ゲーム理論風に言えば、相手の戦略(に関する予想)によって最適反応戦略が異なるということだな。

第一価格オークション

第3グループの10人に白い入札用紙を配布する。

——今度は、紙に値段を書いて、この入札箱に入れてもらいます。開票して、最高額を入札した人が落札することになります。そして、そこに書いた金額を支払ってもらうわけです。

入札用紙を入札箱に入れてもらい、一番前の生徒を立会人にして開票する。

――落札者は○○くんでした。

――○○くんの入札額は90円でした。○○くん、あなたの評価額はいくら？

「95円です」

――じゃあ5円安く入札したんだ。どうしてそういうふうにしたんでしょうね。

評価額で入札して落札しても利得はゼロであるから、評価額より低い額で入札したいが、あまり低い額で入札すると落札できなくなる。そこで評価額からどれだけ低くするかに迷うことになる。彼の場合は約5％下げたわけだ。

第二価格オークション（ヴィックリー・オークション）

第4グループの10人に赤い入札用紙を配布する。

――入札して、最高の入札額だった人が落札するのは先ほどの方式と同じですが、支払う額が違います。今回は、上から2番目の入札額を落札者が払うことにします。例えば、Aさんが80円で入札してトップ、次がBさんの70円だったら、Aさんが落札して、70円を払うということです。少し分かりにくいかもしれません。大丈夫かな。

それぞれ入札してもらい、開票する。

――落札者××くん。入札額285円（「えーっ」という声があがる）、（本人に確認して）

評価額64円（生徒笑う）、２番だった△△さんの入札額、つまり落札者の支払額は１０３円（さらに笑う）。

××くん、なんでこんな無茶な金額を入札したの？

「落札するためには高い方がいいし、他の人はもっと低い額で入札すると思ったから……」

――みんな、彼の言っていることは分かるよね？　自分の入札額が評価額を上回っていても、この方式だと落札した時に損をするとは限らない。２番目の人がずっと低く入札していれば、自分が払う金額はそれで済むから。

――ただ、今回はたぶん△△さんも同じように考えて、××くんほどではないけれど高く入札したもんだから、××くんはマイナス39円と大損したわけです。

振り返り

一連のオークションを体験したり参観したりして考えたこと、発見、疑問などを聞く。

「初めてオークションを経験して楽しかったです（素朴な感想に他の生徒笑う）。オークションに様々な形式があることを知ることができた」

――それは良かったですね。だんだん競り上げていくやり方は知っていた人が多いと思いますけれど、他にもあるんですね。

「実際に入札価格を支払うとなると結果はまた変わるだろうと感じた」

——確かに、自腹を切るとなったらもっと慎重になりそうです。

これは仮想的にオークションに参加してもらうことの限界だろう。さりとて本当にお金をやり取りするわけにもいかない。〝なりきって〟もらうしかない。

「(参加者は) 勝者になりたくて入札額を上げたいが、できるだけ安く落としたいから、均衡になりそう」

——面白い。「均衡」っていうことばが出た。

落札する確率を高めることと、利得 (自分の評価額マイナス支払額) を大きくすることがトレード・オフになるということが意識されれば、最適解を考える手掛かりになるだろう。

「他者の戦略も考えて、自分の戦略を考えないといけない」

——そうそう『戦略』。つまりオークションを一種のゲーム、ゲーム理論のゲームね、として考えてみるということですよね。どういうふうに競り上げるかとか、いくらで入札するかとかが戦略だ。

「周りの人の評価額によって、自分の評価額も変わる」

——これも重要な指摘。実はオークションの結果は、オークションで売られる物の性質によって異なってきます。

(サイン入り色紙を見せて) 例えばこれ。私のサイン入り色紙。似顔絵つきです (生徒笑う。

ありがとう。「ほしい」という声があがる）。ありがとう。

例えばこういう物は、人によって評価額が違いますよね。「ほしい」と言ってくれた人、ありがとうね、そういう人もいれば「そんなもん金もらってもいらない」（生徒笑う）という人もいるでしょう。それで、人の評価額を知っても、自分の評価額はあまり変わりそうもないでしょう。ほしい人はほしいいし、いらない人はいらない。

――（貨幣・紙幣入りのボトルを見せて）じゃ、これはどうですか（「ほしい」という声、サイン入り色紙より大きい）。いくらか分からないけれどコインや紙幣が入っている。これをオークションにかけるとする。落札した人が数えればその価値は分かる。しかもそれは誰にとっても同じですよね、結果的には。

人によって見積もりが異なるからオークションの対象になり得るけど、他の人が高く入札すると「もしかしたら自分の見積もりが低すぎていて、もっと値打ちが高いのかも」と自分の評価額を変えそうじゃないですか。

例えば、石油の採掘権なんかは、掘ってみないとどれだけ原油が出てくるか分からないから、このボトルと同じような性質をもっている。

ですから、この2つのような物のオークションは、別に分析しなければならないのです。

さらにいくつかの気づき

授業後に回収したコメント・ペーパーを読むと「お金に余裕がある人は、ほしいものを何でも手に入れられるのだなと思った」「結局、金（評価額）がすべて」というようなコメントがいくつかあった。

その通りなのである。どの方式をとっても、基本的に一番ほしい人（支払ってもいいと思う価格が一番高い人）の手に物が渡るのがオークションである。

ゲームのつもりで参加した生徒からすると「（低い評価額のカードに当たったから）最初からフェアじゃない」と不満だったかもしれないけれど、効率という観点からすれば、一番ほしい人（最高額を支払う人）に物が売られることは経済的に正しいことだということを話さないといけない。

ただ、生徒全員の参加意欲を高めるために、評価額カードの金額を60~100ぐらいにした方がいいかもしれない。「評価額　1円」ならともかく「評価額　60円」であれば「これではとても勝ち目がない」「もう終わった」という印象はないだろう。

「オークションもやり方によって戦略が変わるのでとてもおもしろいなと思った」「オークションのやり方が少し異なるだけで、商品を手に入れるための戦略がかなり変わってくると思った」という感想も。そのことに気づけば、買い手はそれぞれどういう戦略をとればいいのか、また、売り手にとって良い（高く売れる）方式はどれなのかを考えていくきっかけになるだろう。

「自分が取り組んだ『落札額は2番目』というルールは実際にはどういう形になるのか気になる」「わざわざオークション主催者がCでなくDのような方式を選択するのはどんな場合か」というようにD（ヴィックリー・オークション）についての感想や疑問が多かった。ヴィックリー・オークションは、どうしてそういうルールにするか分かりにくいし、このクラスの場合、××くんの極端な入札額に思考を刺激されたのかもしれない。

「A、B、Cは評価額より入札額の方が高いと必ず損をするが、Dは場合によっては得をするのでたくさんつり上げても良いと思った。しかし、このような考えの人が他にもいると大損するので博打だと思う」というように、ヴィックリー・オークションはギャンブル性がある／高いという印象を持った生徒も多いようだ。

だが、オークション理論によれば正反対で、この方式には耐戦略性があり、自分の評価額をそのまま入札額とすることがベストの戦略になることが分かっている。

そういう読み解きをやっていくと、生徒は驚くことだろう。なかには「自分は最後のオークションをやったが、できるだけ買えるようにしつつも赤字にならないようにと思って評価額と同じ額を書いた」というように、この段階でそのことが分かっている生徒もいたけれど。

ところで、別のクラスで、Dについて「ヴィックリーという人が発明した方法なので、ヴィックリー・オークションと呼ぶことがあります」と言ったら「ノーベル賞にビックリーして死んだ人だ」とつぶやいた生徒がいた。ヴィックリーはノーベル経済学賞を受賞することが分かった数日後に急に亡くなったので、右のような悪い冗談があるのだ。こういうことを知っている生徒がいるからまったく油断ならない。

授業はこのあと、オークションの主要な4方式、情報不完備ゲームとしてのオークションのモデル化、第一価格オークションと第二価格オークションの最適反応戦略とナッシュ均衡、効率性と耐戦略性、売り手にとってのオークションと収入同値定理、さまざまなバリエーションと社会への応用を（私の理解できた範囲で）紹介していく。

11

オプション取引

株価が上がりそうだったらー？
ギュイーンッ
株を買っておくー!!!
株価が下がりそうだったらー？
ギュンッ
株を売っておくー!!!
では、株価が乱高下しそうだったら??
ギュギュンッ
ギュギュンッ
フフフッ
どうすりゃいいのー!!!

２０２２年度からの高校（家庭科）での金融教育「義務化」を受けてというわけではないのだが、オプション取引を説明する授業をつくってみた。以前から、先物取引などリスクを低減させるためのデリバティブのしくみは面白いだろうと考えていたのである。

時事問題から入って

授業は、急に価格が上昇したり下降したりしているモノを紹介するところから始めたい。このときは、ロシアによるウクライナ侵攻によって原油価格が上昇するだろうと言われていたので、それを導入にした。原油価格に連動してガソリンが値上がりしそうな状況で、もしガソリンスタンドの店主ならどうしたらいいか考えてもらうのが最初の問いである。

ガソリン値上げへの対策

> もしガソリンスタンドの店主なら
> あなたは、ガソリンスタンドの店主である。
> いま150円／ℓのガソリンが値上がりしそうだとする。

——もしあなたがガソリンスタンドを経営していて、このあと仕入れるガソリンが値上がりしそうだ、だけど売る値段は値上げしたくない、あるいは値上げできないとします。そうしたらどうしますか？

「買いだめしておく」

> （右のスライドの続き）
> 対策①　今のうちにガソリンを買って備蓄しておく。
> 　↓　でも置き場所がない！

——なるほど。買い置き、備蓄をしておく。それもひとつの手ですね。ガソリンスタンドって地下に大きなタンクがあって、そこにガソリンなどを保管しておくんですよね。でも、それも大きさに限りがあるでしょう。

スライド2（続き）
対策②　1か月後にガソリン1万ℓを150円／ℓで買う契約を石油元売り会社と結んでおく。
↓　市場価格が上がっても契約どおり150円／ℓで購入できる。

――こういうやり方があるんです。1か月後にいくらでガソリンを買うという約束をしておく。例えばいまガソリンは1リットル150円ぐらいだから、その値段で買うことにしておく。そうすれば、1か月後に値上がりして1リットル200円になったとしても、あらかじめ予約しておいた価格でガソリンを買うことができるでしょう。
こういう取引のことを、先物取引と呼びます。
――ただ、この取引にはひとつ問題があります。なんだか分かりますか。
「もしガソリンが値下がりしたら……」

（右のスライドの続き）
↓　もし予想に反してガソリンが値下がりしたら無駄な支出になる。

――その通り、もしガソリンが値下がりして、例えば100円になっても、契約通り150円で買わなきゃいけない。「100円で買えたのにー」という感じですよね。

先物取引と金儲け

先物取引は、金儲け（投機）の手段として使われることもある。

例えば、市場価格が１５０円／ℓのガソリンが値上がりしそうだとする。

ガソリン１億ℓを１か月後に１５０円／ℓで買う先物取引をする。

↓　１か月後にガソリンが２００円／ℓになったら、契約どおり１億ℓを１５０円／ℓで購入してすぐに市場で売り払えば、50億円儲かる。

――先物取引は、お金儲けのために使われることもあります。1リットル１５０円で買う契約をしておいて、もし２００円に値上がりしたら、契約通り１５０円で買ってすぐに市場で売れば1リットルにつき50円儲かるじゃない。

この２つの売買を同時に行えば元手だっていらないですよね。

逆のやり方だってあります。

こんなことだってできる
例えば、卸売り価格が150円／ℓのガソリンが値下がりしそうだとする。
ガソリン1億ℓを1か月後に150円／ℓで売る先物取引をする。
↓ 1か月後にガソリンが100円／ℓになったら、1億ℓを150円／ℓで売却して、100円／ℓで市場から購入すれば、やはり50億円儲かる。

——こういうやり方です。この場合、ガソリンを持っていなくても、瞬間的に市場から買って先物取引の契約相手に売りつければいいのです。

ただ、さっきと同じ問題がありますよね。

「もしガソリンの価格が値上がりしたら損をしてしまう」

(右のスライドの続き)
だが、いずれの場合も、予想が外れると損をする。
そこで、さらに考え出されたのが……

——そうなんですね。そこで、さらにこういうことを考えついた人がいます。オプション取引といいます。

オプション取引とは

ハンドアウトを配布する。

オプション取引とは「ある目的物（株式・債券など）を、ある将来の時点で、ある価格で購入する／売却する権利」を売買する取引のことである。

例えば、筑附銀行の株価が現在1000円だとして、定延くんは「筑附銀行の株価は将来、値上がりするだろう（けれど、大損はしたくない）」と考えており、紗夏さんはそんなには値上がりしないか、もしくは値下がりするだろうと考えているような状況でオプション取引が意味をもつ。

定延くんが「筑附銀行の株式1株を、1年後に、1000円で購入する権利」を紗夏さんから100円で買ったとする（この時、この1000円を「行使価格」と呼ぶ）。

もし1年後に筑附銀行の株価が（定延くんの予想どおり）1500円になったとする。定延くんは

(1)このオプションを行使して筑附銀行の株式1株を紗夏さんから1000円で購入し

(2)それをすぐに市場で売り払うことで

1500円（売値）-1000円（買値）-100円（オプションの代金）＝400円の利益を上げることができる。

この場合、紗夏さんは400円の損失となる（オプション取引をしなければ自分が500円儲けられたから）。

もし、1年後の筑附銀行の株価が（定延くんの予想に反して）1000円を下まわった時には、定延くんは

(3) このオプションを行使せず、オプションの代金である100円のみが損失となる。この場合、紗夏さんは100円の利益となる。

――オプション取引は「何かを売買する『権利』を売買する」というものです。ハンドアウトでは株式を例にしています。

オプション取引での利益／損失をグラフにする

――文章だと分かりにくいので、こういう取引をすると、どういうことが起こるのかグラフにしてみましょう。

★このオプション取引による定延くんの利益／損失を表にしてみる。

1年後の筑附銀行の株価	600	700	800	900	1000	1100	1200	1300	1400	1500
オプションを行使する→○ しない　→×	×	×	×	×	×	○	○	○	○	○
利益／損失	-100	-100	-100	-100	-100	0	100	200	300	400

★これをグラフで示す。

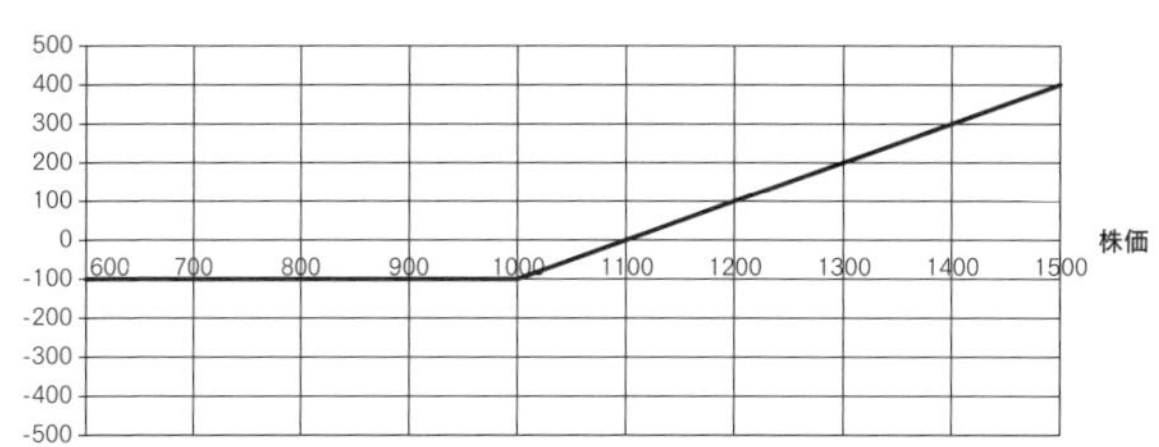

※生徒に渡したハンドアウトでは表中の数値やグラフは生徒が書き込む。

　スライドにハンドアウトと同じ表とグラフを示し、「1年後の筑附銀行の株価」によって定延くんがオプションを行使した方が得か、しない方が得か、その場合の利益または損失はどうなるかを確認しながら値を入れていく。

　さらに、表の値をグラフ化してもらう。

――こうすると、オプション取引は、予想が当たれば得をするし、外れてもオプションを買うために払った代金だけで大損はしないということが分かると思います。

いろいろなオプション取引での利益／損失

――じゃあ、この取引で定延くんの相手になった紗夏さんはどうなの？　と思った人もいるでしょう。それも含めて、オプション取引の４つのタイプを紹介します。

オプション取引には、以下の4通りがある。

ア　「筑附銀行の株式1株を1年後に1000円で購入する」という権利を100円で買う取引（定延くん）

イ　「筑附銀行の株式1株を1年後に1000円で購入する」という権利を100円で売る取引（紗夏さん）

ウ　「筑附銀行の株式1株を1年後に1000円で売却する」という権利を100円で買う取引

エ　「筑附銀行の株式1株を1年後に1000円で売却する」という権利を100円で売る取引

――「買う権利」を買う、「買う権利」を売る、「売る権利」を買う、「売る権利」を売るという４タイプがあるわけです。ちょっとややこしい。紗夏さんは定延くんと取引したから、イのタイプになります。

これらについて、さっきと同じようにグラフを書いてみましょう。

――紗夏さんのグラフ、イは定延くんのグラフとちょうど損得が逆になるように、損得の合計が0になるように考えれば描けるでしょう。ウとエも同じ様な関係にあります。混乱したら、さっきやったように利益と損失の表をつくってみるといいです。

★オプション取引のうち、損失の膨らむ危険の大きい取引はどれか。　イ（エ）

【用語】
オプションのうち「購入する／買い付ける」権利をコールオプションと呼ぶ。
オプションのうち「売却する／売り付ける」権利をプットオプションと呼ぶ。

グラフが書けたことを確認して続ける。

――この4タイプのオプション取引の中で、やめた方がいいものはどれでしょう。大損する可能性があるものを考えるといいですよね。グラフが下にいくほど損が大きくなるから……

「イ」

――そうですね。イのオプションは、株価が高くなればなるほど損をする。もちろんエも株価が下がれば損をするけれど、株価は0円を下回ることはないから限度がある。でもイは理

★イ・ウ・エそれぞれの取引を行った場合の、利益／損失のグラフを描いてみる。

【イの場合】

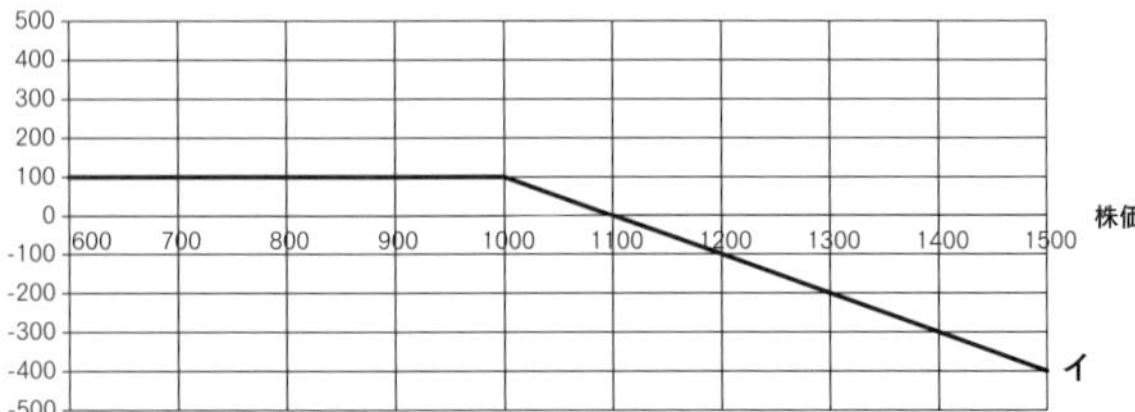

【ウの場合】

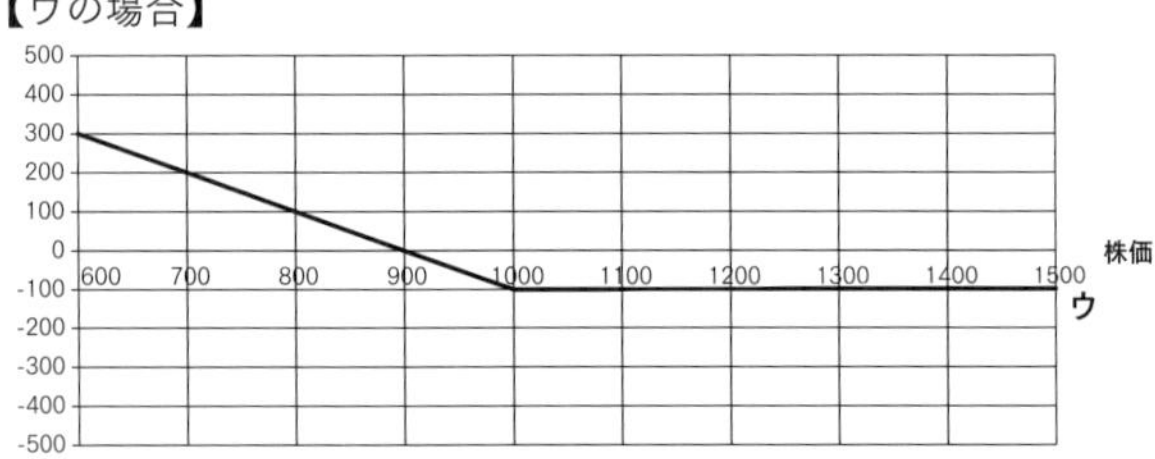

【エの場合】

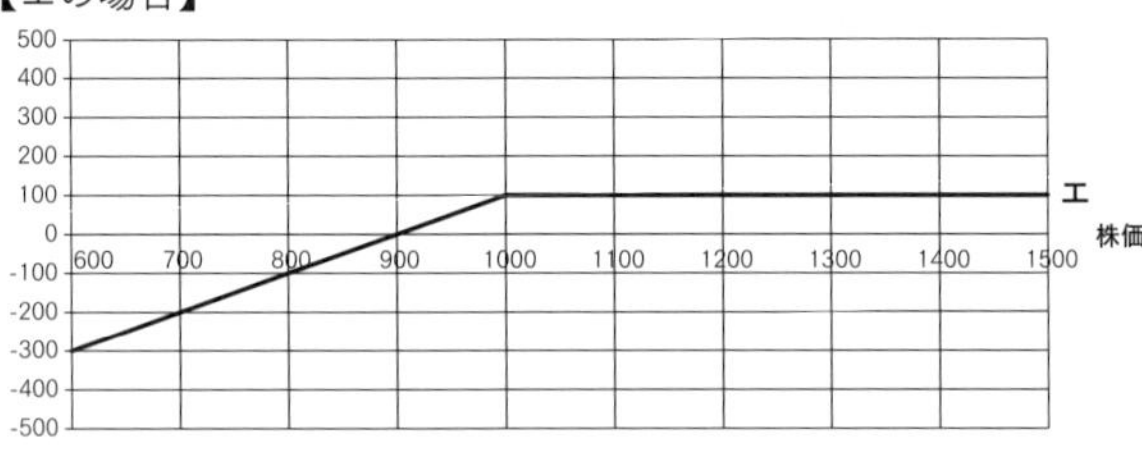

論的にはいくらでも損をする可能性がありますよね。ですから、こういうオプション取引は、株価が高くなる可能性がとても低いと確信できる時しかしない方がいいでしょう。

——この４つのオプションのうち、「買う」権利をコールオプション、「コール」、つまり呼ぶ感じですね、と言います。逆に「売る」権利をプットオプション、相手に押しやる感じですね、と言います。

オプションの組み合わせ

——応用問題です。同時に複数のオプション取引を行うとどういうことができるか考えてみます。

オプションを組み合わせるとどうなるか考えてみる。例えば、「筑附銀行の株式1株を1年後に1000円で売却する」というオプションを100円で買うと同時に、「筑附銀行の株式1株を1年後に1200円で購入する」というオプションを100円で買うと利益／損失のグラフはどう描けるか。

——まず、それぞれのグラフを描いて、それを足し合わせてみましょう。

——「株式1株を1年後に1000円で売却する」オプションを買うと、株価が1000円より小さくなると、市場で買ってそれを1000円で売ることができるから利益が出るでしょう。そうすると図1のグラフで示したような利益／損失のグラフになりますね。

——「株式1株を1年後に1200円で購入する」オプションを買うと、逆に株価が1200円を超えれば、オプションを行使して1200円で買った株をすぐに売って利益を出せる。ですから、**図2**で示したグラフになることが分かりますか。

——そうすると、その2つを足すと、例えば株価600円の時は300円マイナス100円で200円の利益、株価1000円の時はマイナス100円マイナス100円で200円の損失、株価1500円の時は200円マイナス100円で100円の利益。こういうふうに考えていくと、**図3**のグラフのように描けそうですよね。

——こういうオプションのセットを買う人ってどういう人だと思いますか。筑附銀行の株価がどうなりそうだと予想しているわけ？

「株価がひどく上がる……」

——株価がひどく上がる……か？

「ひどく下がるか」

——その通りです。株価がひどく上がったり下がったり不安定なことを「乱高下する」とい

図1　「筑附銀行の株式１株を１年後に1000円で売却する」というオプションを100円で買うと

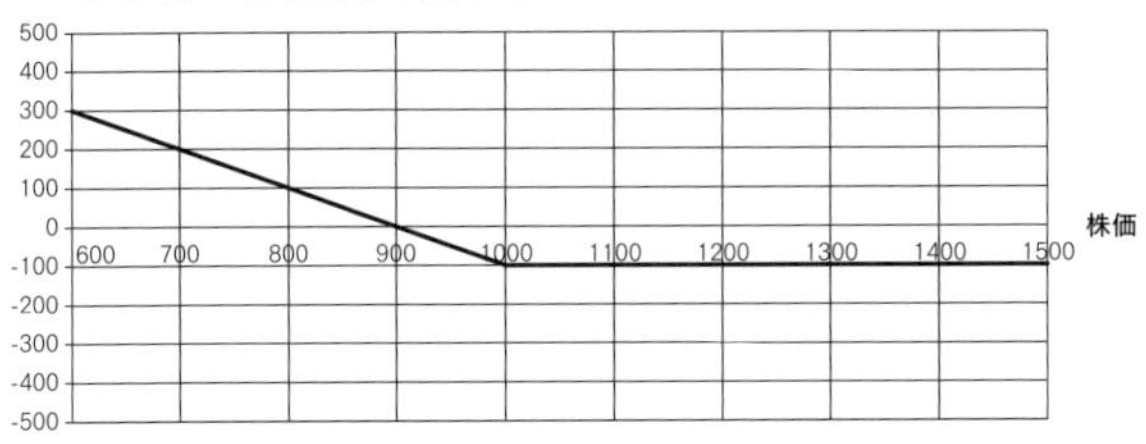

図2　「筑附銀行の株式１株を１年後に1200円で購入する」というオプションを100円で買うと

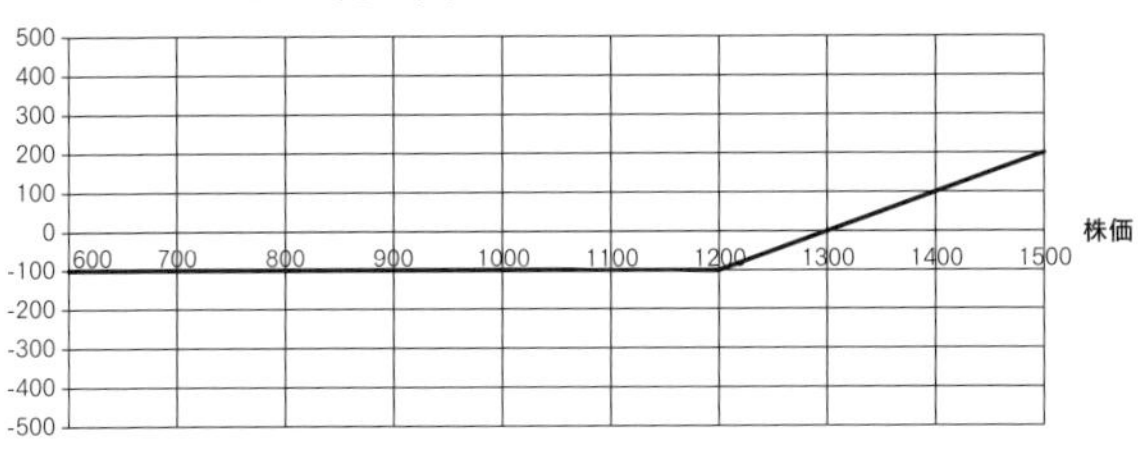

図3　両方を合わせると

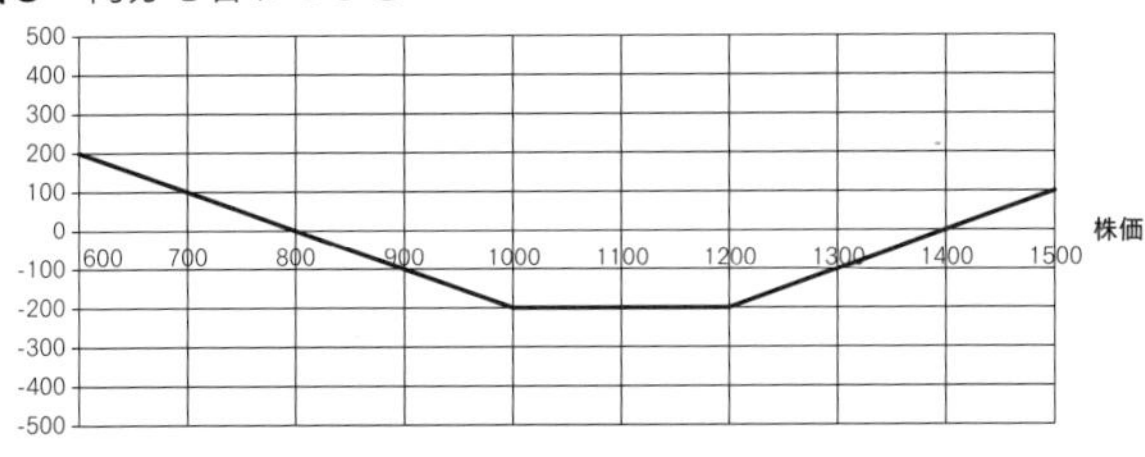

いますが、そういうことが起きそうな時に、このオプションのセットを買っておくと利益を生み出せます。逆に、筑附銀行の株価は安定していて、しばらくは高くも低くもならないだろうと考えている人はこのセットを売ることでオプション料２００円を手に入れられるだろうと思うでしょう。

このオプション取引の組み合わせでは、筑附銀行の株価が大きく動いた時に、利益が出るので、株価の乱高下のリスクを回避するために使うことができる。

オプション価格をどう決めるか

もう1コマあれば、ごく単純なモデル（1年後の価格が2通りしかない）を用いて、オプションの価格を求めてみせる。

そして、最後にブラック・ショールズによるオプション価格の公式（とても複雑！　大学院レベル）をスライドで映し出し（映し出すだけである）、この授業のはるか先の世界があることを示して終わりたい。

謝辞

本書を手に取っていただき、ありがとうございます。『「おもしろ」授業で法律や経済を学ぶ』も3部作となりました。「おもしろ」トリロジー!!!

「スター・ウォーズ」は構想段階からトリロジーだったけれど、この『「おもしろ」授業』がパート3までたどり着いたのはなりゆきで、私が本を出したいと言うたびに企画を認め伴走してくださった清水書院編集部の清水さんや編集部長の中沖さんのおかげです。

今回も前2冊と同じく大槻茉椰さんに章扉イラストをお願いしました。「『アーミテージ・ナイ報告書』を読む」の授業では、当時高校3年生だった朝倉彩佳さん、奥村咲希さんに「報告書」の和訳をお願いしました。また、卒業生の大北智花さんには授業記録へのコメントをお願いしました。ありがとう。

そのほか、名前は載せませんでしたが、授業への感想やレポートを引用させてもらった元生徒の皆さん、そしてなにより、教育実験校とは言え、私の型破りな、いや掟破りの授業を受けてくれた筑波大学附属高校の生徒諸君約五千人と同僚の皆様に深く感謝します。

付録にした授業の撮影では、在校生に付き合ってもらうわけにもいかないので、次の卒業生（大学1年生）に「生徒役」をお願いしました。いかにも附属高校の生徒っぽい反応をしてくれました。赤塚優斗くん、荒木智博くん、伊藤空翔くん、稲生真菜さん、大庭愛瑛瑠さん、小川志穂さん、鎌刈雄大くん、気仙健心くん、黒田禄くん、佐藤真子さん、塩谷浩太くん、関美来さん、髙見朋佳さん、中川若さん、花岡宏香さん、樋口理彩さん、山本祐暉くん、米田菜々香さん（五十音順）、ありがとう。

そして、結婚して35年以上、私が、読むスピードよりはるかに速く本を買って部屋のそここここに積み上げても、時には大枚はたいて教室で見せる他に使いみちのないようなしょーもないグッズを集めることに呆れながらも黙認し、本や教材グッズの山によって着々とゴミ屋敷化していく私の部屋をさりげなく掃除したり整理したりしてくれている連れ合いにも深く感謝します（毎日感謝してます）。

「社会科の授業って面白いものなんだな」「面白い授業をつくってみたいな」と考えてくださる方が少しでも増えますように。

２０２３年７月９日（63歳になった日に）

本書内で紹介・引用した文献、教材など

●「アーミテージ・ナイ報告書」を読む　参考文献等

リチャード・L・アーミテージ／ジョセフ・S・ナイJr.／春原剛『日米同盟 vs. 中国・北朝鮮』文藝春秋（2010）

池上彰『日本は本当に戦争する国になるのか？』SBクリエイティブ（2015）

佐橋亮『米中対立』中央公論新社（2021）

猿田佐世『自発的対米従属 知られざる「ワシントン拡声器」』KADOKAWA（2017）

猿田佐世「対等な日米関係？　第5次アーミテージ・ナイ報告分析」（『世界』岩波書店2021年4月号所収）

『令和3年版 防衛白書』
https://www.mod.go.jp/j/publication/wp/wp2021/w2021_00.html

井上高志「コラム 第3次アーミテージ・ナイレポート
"The U.S.-Japan Alliance ANCHORING STABILITY IN ASIA" が公表される。」
https://www.mod.go.jp/msdf/navcol/SSG/topics-column/col-033.html
2021年7月30日最終閲覧

下村建太【全文】2020年アーミテージ・ナイ・レポート（翻訳）
https://note.com/tankeus/n/n765200f15037#H39j
2021年7月30日最終閲覧

戦略国際問題研究所（CSIS）ウェブサイト　https://www.csis.org/
2021年7月30日最終閲覧

西住祐亮「日本関係情報【アメリカ】第4次アーミテージ＝ナイ報告書」
国立国会図書館 調査及び立法考査局『外国の立法 №.278-1』（2019）
https://dl.ndl.go.jp/view/download/digidepo_11220553_po_02780113.pdf?contentNo=1
2021年7月30日最終閲覧

西住祐亮「日本関係情報【アメリカ】第5次アーミテージ・ナイ報告書」
国立国会図書館 調査及び立法考査局『外国の立法 No.286-2』(2021)
https://dl.ndl.go.jp/view/download/digidepo_11633274_po_02860214.pdf?contentNo=1
2021年7月30日最終閲覧

●ロシアのウクライナ侵攻　参考文献等

1　国際人道法に関して

井上忠男『戦争のルール』宝島社(2004)
鈴木和之『実務者のための国際人道法ハンドブック 第3版』内外出版(2020)
鈴木和之『国際人道法 入門編』内外出版(2021)
東澤靖『国際人道法講義』東信堂(2021)

2　ウクライナとロシアについて

黒川祐次『物語 ウクライナの歴史』中央公論新社(2002)
小泉悠『「帝国」ロシアの地政学』PHP研究所(2019)
小泉悠『現代ロシアの軍事戦略』筑摩書房(2021)
服部倫卓/原田義也編『ウクライナを知るための65章』明石書店(2018)
清義明「ウクライナには『ネオナチ』という象がいる~プーチンの『非ナチ化』プロパガンダのなかの実像」
「論座」(旧WEBRONZA)ウェブサイト
https://webronza.asahi.com/national/articles/2022032200001.html　2022年4月10日最終閲覧
https://webronza.asahi.com/national/articles/2022032200002.html　同右
https://webronza.asahi.com/national/articles/2022032200003.html　同右

【間に合わなかったけれど後で読んだ文献】

小泉悠『ロシア点描』PHP研究所(2022)

廣瀬陽子『ハイブリッド戦争』講談社（２０２１）
『世界』編集部編『世界 臨時増刊 ウクライナ侵略戦争―世界秩序の危機』岩波書店（２０２２）
ウラジーミル＝プーチン「ロシア人とウクライナ人の歴史的一体性」
　facebook の The Embassy of the Russian Federation in Japan のページ
　https://www.facebook.com/317708145042383/posts/2654867514659756/　２０２２年５月２日最終閲覧
　※２０２１年７月に発表された論文
廣瀬陽子「ロシアによるクリミア編入」（『法学教室』有斐閣２０１４年７月号 №４０６ pp.44-54）
ミハイル＝シーシキン「ウクライナとロシアの未来」（『すばる』集英社２０１４年６月号 pp.148-152）
ミハイル＝シーシキン「僕達の勝敗―２０１５年」（『新潮』新潮社２０１５年８月号初出）
　「文化はあらゆる壁を越えて続く―２０２２年」
　「note コロナ時代の想像力」ウェブサイト
　https://note.com/iwanaminote/n/n7a78210a96cd　２０２２年６月９日最終閲覧
　※このウェブページには前掲の「ウクライナとロシアの未来」も置かれている。
田素弘『紛争でしたら八田まで（２）（３）』講談社（２０２０）

●マッチング　参考文献等

坂井豊貴『マーケットデザイン―最先端の実用的な経済学』筑摩書房（２０１３）
アルビン・E．ロス著／櫻井祐子訳『Who Gets What マッチメイキングとマーケットデザインの経済学』日本経済新聞出版（２０１６）
川越敏司『マーケット・デザイン　オークションとマッチングの経済学』講談社（２０１５）
栗野盛光『ゲーム理論とマッチング』日本経済新聞出版（２０１９）
横井優「みんな Happy!?　マッチングの数理と計算　―かしこい割り当ての決め方―」
　https://www.nii.ac.jp/event/upload/shimin_yokoi_20190702.pdf　２０２０年11月12日閲覧

●オークションをやってみる　参考文献等　（理解できたところだけを参考にした）
天谷研一『図解で学ぶゲーム理論入門』日本能率協会マネジメントセンター（2011）
川越敏司『基礎から学ぶマーケットデザイン』有斐閣（2021）
坂井豊貴『マーケットデザイン―最先端の実用的な経済学』筑摩書房（2013）
横尾真『オークション理論の基礎』東京電機大学出版局（2006）
ティモシー・P・ハバード／ハリー・J・パーシュ『入門 オークション』NTT出版（2017）
ケン・スティグリッツ『オークションの人間行動学』日経BP社（2008）
横浜国立大学ウェブサイト【経済学部・模擬講義】「ゲーム理論とオークション」（佐野隆司准教授）
https://www.youtube.com/watch?v=oVnbMvE5lR4　2023年1月4日最終閲覧
東洋大学入試情報サイト TOYOWebStyle
「セカンドプライスオークション―正直者は絶対に損をしない」（升田猛准教授）
https://www.toyo.ac.jp/nyushi/column/video-lecture/20160517_01.html　2023年1月4日最終閲覧

●その他
芦部信喜著／高橋和之補訂『憲法 第七版』岩波書店（2019）
辻村みよ子『憲法［第7版］』日本評論社（2021）
服部正也『ルワンダ中央銀行総裁日記』中央公論新社（1972）
加藤圭木監／一橋大学社会学部加藤圭木ゼミナール編『「日韓」のモヤモヤと大学生のわたし』大月書店（2021）
関根一昭『原爆ドームと産業奨励館の模型をつくろう』平和文化（2006）
松本仁一『カラシニコフ』朝日新聞社（2004）
千葉聡『短歌は最強アイテム』岩波書店（2017）

熊田　亘（くまだ　わたる）
1960年生まれ。
埼玉県立浦和東高校，埼玉県立志木高校を経て，現在は筑波大学附属高校教諭。
著書に『女と男　男も考える性差別の現在』（ほるぷ出版），『新聞の読み方 上達法』（ほるぷ出版），『高校生と学ぶ死 ―「死の授業」の一年間―』（清水書院），『高等学校　政治・経済（文部科学省検定済教科書）』（共著，清水書院），『「おもしろ」授業で法律や経済を学ぶ』（清水書院），『「おもしろ」授業で法律や経済を学ぶ パート2』（清水書院）など。

「おもしろ」授業で法律や経済を学ぶ　パート3

2023年 8月25日　初版発行

著　　者　　熊田　亘（くまだ　わたる）

発 行 者　　野村 久一郎
発 行 所　　株式会社 清水書院
〒102-0072
東京都千代田区飯田橋 3-11-6
電話　03-5213-7151
装　　丁　　重保 咲
イラスト　　大槻 茉梛
印 刷 所　　広研印刷 株式会社
製 本 所　　広研印刷 株式会社

定価はカバーに表示

ISBN 978-4-389-22604-6　　Printed in Japan